남자, 외롭다

**Lonely at The Top: The High Cost of Men's Success**

Copyright ⓒ 2011 by Thomas Joiner
All rights reserved.

Korean Translation Copyright ⓒ 2013 Taurus Books
Korean edition is published by arrangement with St. Matin's Press, LLC
through Imprima Korea Agency

이 책의 한국어판 저작권은 Imprima Korea Agency를 통해 St. Matin's Press, LLC와의 독점계약으로 황소자리에 있습니다. 저작권법에 의해 한국 내에서 보호를 받는 저작물이므로 무단전재와 무단복제를 금합니다.

# 남자, 외롭다

Lonely at The Top

토머스 조이너 | 김재성 옮김

황소자리

차례

1부     남자로 산다는 것

1장     홀로 선 남자 • 9
남자, 외롭다 | 불행이 시작되는 자리 | 외로움은 낭만적 감상이 아니야 | 심장을 갉아먹는 내면의 벌레 | 외로움은 어디서 오는가

2부     어디서부터 잘못되었을까

2장     철이 덜 든 응석받이 • 49
직진, 또 직진 | "내가 제일 잘 나가!"라는 환상 | 저절로 주어지는 것들 | 자존감 대 자존심 | 아내 없이는 못 살게 된 남자

3장     나를 건드리지 마 • 72
접촉에 서툴다 | 우리는, 진짜 사나이

4장     돈과 지위라는 명함 • 87
진화론적 추적 | 관계맺기의 젬병들 | 아, 그리운 옛날이여 | 부자에게는 친구가 필요없다?

5장     정상에 서서 외로워하다 • 100
문득 찾아오는 외로움 | 사라져버린 사람들

6장   골프와 불륜에 빠진 남자 • 113
실패한 위로법 | 골프와 나스카 시청, 패거리 정신의 대리 충족 | 술이라도 마셔야 편해질 것 같아서 | 총에 대한 이상한 집착 | 여자를 만나면 달라질까?


3부   여기서 되돌릴 수 있다면

7장   지금, 여기서 할 수 있는 일 • 133
자연이 지닌 치유력 | "전화번호를 누르세요." | 일단 부딪쳐보기 | 옛 친구들과의 만남 | 따뜻한 음식은 마음의 허기를 달랜다 | 쉽게 규칙적으로 꾸준히 | 건강한 방향으로 슬쩍 밀어주기

8장   건강한 인생을 회복하는 현실적인 방안들 • 189
무엇이 되었든 얼굴을 마주하라 | 소소한 유대가 중대한 변화를 부른다 | 소셜미디어를 보조기구로 삼을 것 | 작은 것부터 실천하기 | "우리 다시 시작해요."


4부   아직 씌어지지 않은 남성의 미래

9장   사람들이 없다면 우린 아무것도 아니다 • 211

주석 216 | 참고문헌 224 | 찾아보기 231

| 일러두기 |

- **원어 표기**: 주요한 인명이나 작품명, 개념 등은 외래어 표기용례에 따라 맨 처음 주요하게 언급될 때 원어를 병기했다. 단, 널리 알려진 이름이나 표기가 굳어진 명칭은 그대로 사용했다.
- **도서 제목**: 본문에 나오는 도서나 영화 등의 제목은 원제목을 번역 표기하는 것을 원칙으로 하되, 국내에 번역 출간 및 소개된 작품은 그 제목을 따랐다.
- **옮긴이 주**: 옮긴이 주는 괄호 안에 줄표를 두어 표기했다. (예: . —옮긴이)

1부

# 남자로 산다는 것

1장 **홀로 선 남자**

1991년 10월 어느날 아침. 오클랜드와 버클리 힐스 지역에 해가 떠오를 무렵. 소방관들은 전날의 화염을 어느 정도 진압했다고 자신했다. 그러나 한편으로는 다소간 잠잠해진 불길이 언제라도 되살아날 수 있다는 사실 또한 감지하고 있었다. 강풍과 고온이라는 악조건 속에 아직 완전히 진화되지 않은 지점들이 잔존했기 때문이다. 소방관들은 섭씨 32도가 넘는 기온과 곳곳에서 솟구치는 돌풍에 맞서 진화 작업을 했다. 그때 불씨 한 톨이 바람을 타고 솟아올라 인접 지역으로 흩날리는가 싶더니 한 그루의 나무에 옮겨붙었다.

상황은 치명적이었다. 나무는 걷잡을 수 없는 불길이 되어 타올랐다. 진화의 막바지 단계에 있던 소방관들은 살아남기 위해 사투를 벌여야 했다. 이 화재로 인해 소방관 한 명, 경찰관 한 명을 포함하여 총 스물다섯이 희생되었다.

살아남은 사람들 또한 평범하던 일상이 순식간에 생사를 가르는 전장으로 뒤바뀌는 상황을 경험했다. 불길은 맹렬한 기세로 번지며 11초당 한 채꼴로 인근 주택을 집어삼켰다. 주민들은 서둘러 피신해야 했다. 미술품과 희귀서, 금은보석, 현금 따위는 물론이고 심지어 집필 중인 저서의 유일한 원고를 앞에 두고 사람들은 선택을 해야 했다. 어쩌면 다시 오지 못할 집을 서둘러 탈출해야 하는 짧고 절박한 순간, 가족과 반려동물을 구조하는 것을 제외하고 무엇을 먼저 챙겨야 할까?

미술품이나 보석을 집어든 이는 거의 없었다. 그들 대부분은 사랑하는 이의 사진을 챙겨 집을 떠났다. 누군가는 따뜻하다고, 또 다른 누군가는 진부하다고 느꼈을 이야기가 여기서 끝나더라도 불완전하나마 우리 삶에 관한 일말의 진실은 드러난다. 우리는 서로를 필요로 한다는 것, 영장류로서 무리를 이루어 사는 우리 몸속 세포에는 서로 소속되어 유대감을 갖고자 하는 강렬한 욕구가 박혀 있다는 사실이다. 오클랜드 화재 지역에서 사람들이 보석과 현금 너머로 손을 뻗어 가족과 친구들의 사진을 집어든 채 화염으로부터 피신했다는 사실이 단적인 예다. 여기서 이야기를 중단한다면 "서로를 끌어안고 품을 때, 비로소 너 또한 번성하리라."와 유사한 설교 말씀처럼 들릴 수도 있겠다.

그러나 현실은 그렇게 단순하지 않다. 만일 그렇다면 세상의 수많은 외로운 이들, 갈등과 불화와 고독을 견디지 못해 자살을 택하는 수백만의 사람들이 없을 테고, 따라서 이 책도 존재할 필요가 없을 것이다.

"인간은 서로를 필요로 한다."는 전제는 인간 본성의 많은 부분을 드러내지만 그것이 전부는 아니다. 화염 속에서 거의 본능적으로 물질적인 것보다 사랑하는 이들과 함께 찍은 사진을 택했던 사람들은 화재가 진압되고 몇 달이 지나자 태도를 바꿔 서로를 배신하고 공격했다.

데이비드 커프David Kirp는 2000년 출간한 《집으로Almost Home》에서 화재로 집을 잃은 한 주민의 말을 인용하고 있다. "화재를 겪으며 물질에 연연하지 않는 정신적 카타르시스를 경험했다고 느낀 것이 언제인가 싶게 금세 보험이라는 현실 문제가 떠오르더라고요. 자존심, 탐욕, 죄책감 등등 온갖 너저분한 감정들에 휩싸였죠."[1] 이 주민의 발언에서 고난을 딛고 일어선 이의 초연함을 찾아보기란 힘들다. "제값을 받으려면 싸워야죠."

화재 직후 상호 지원 및 보호를 목표로, 매우 긴밀한 이웃 공동체가 결성되었다. 그러나 《집으로》의 저자에 따르면, "대부분의 주민들은 보험금을 받자마자 모임에 불참했다. 보험회사와의 협상에서 주도적인 역할을 수행했던 일부 주민들은 다른 주민에게 합의금 관련 내용을 공개하지 않는다는 밀실거래 조건으로 더 높은 액수를 챙겼다."[2]

책에는 화재로 집이 전소되자 그 자리에 새로 집을 지어올린 어느 주민이 "하나님이 우리에게 사방이 확 트인 이 장관을 주셨죠."[3]라고 말하는 대목이 나온다. 마치 여러 채의 집을 집어삼키며 스물다섯 명의 사망자와 수십 명의 부상자를 낸 대형화재가 하나님의 칙령이기라도 했다는 듯이 말이다. 한편 이 발언에는 새로 지어진 집의 창문들이 아직 남아 있는 화재의 참상은 물론 이웃집들도 보이지 않도록 설계됐다는 사실이 빠져 있다. 건축을 통해 의도적으로 스스로를 고립시킨 것이다.

오클랜드와 버클리 힐스 화재는 여러 주 동안 이어진 고난을 함께 견딘 인간 정신의 극적 아름다움과 더불어, 탐욕과 이기심으로 인해 갈등이 증폭되는 현실을 동시에 제공했다. 고가의 물건들을 마다하고 사진을 챙겨 피신한 주민들의 선량한 이미지보다 훨씬 다층적인 인간 본성을 보여준 셈이다. 그러나 서로 상충하는 인간 본성을 감내하고, 갈등과 탐욕 따위를 뛰어넘어 지속적이고 만족할 만한 유대를 형성하는 과정을 살펴보면, 여성은 비교적 잘해내는 데 반해 남성은 외로움 투성이인 속내가 적나라하게 드러나는 듯하다.

40대 중반의 나는 며칠 전 혼자서 텔레비전 채널을 이리저리 돌리다가 주택 판매 광고를 보게 되었다. 광고를 보면서 무의식적으로 "나도 더 큰 집으로 옮겨볼까? 그럴 만한 경제적 여건은 되잖아. 그것도 괜찮겠네." 등등의 생각을 했다. 그렇게 더 큰 집을 사야 할 이유를 자문하다가 나는 두려움과 동시에 부끄러움을 느꼈다. 내가 무의식적으로 더 큰 집을 원한 이유를 가만히 살펴보니 아내와 두 아들과 더 멀어질 궁리를 했던 것이나 다름없었다(굳이 변명을 늘어놓자면 마침 그때 아들 녀석들이 문 밖에서 소리를 지르고 있었다). 그러니까 나는 돈까지 써가며 나와 내 혈육 간의 거리를 넓혀보자는 심산이었다.

젊을 때는 이런 생각을 해본 적이 없었다. 남자아이들은 여자아이들보다 특별히 더 외롭지 않다. 그러나 성인 남성의 경우는 다르다. 극한 외로움에 처하는 과정을 '경주'라고 한다면 이 경주는 남녀 간 차이 없이 공정하게 시작된다. 하지만 결국 이 외로움을 향한 경주에서 허무한 '승리'를 거둔 남성들은 알코올 중독, 우울증, 이혼 심지어 죽음이라는 상을 받는다. 허먼 멜빌Herman Melville의 소설 《모비 딕Moby Dick》에 나오는 "오, 외로운 생애의 외로운 죽음이여!"라는 에이햅 선장의 절규야말로 남성 특유의 감성을 제대로 포착하고 있다.

따라서 나는 이 책을 통해 나이를 먹을수록 점점 위태로워지는 남자들의 현실을 설명하고, 그 다음으로 남성들이 나이가 들수록 왜, 어떻게 외로워지는지를 고찰할 예정이다. 나아가 남성의 외로움이 초래하는 파멸적인 결과를 보여준 뒤 마지막으로 실행 가능한 해결책을 제시하려 한다.

## 남자, 외롭다

얼핏 불필요하다고 여길 수도 있으나, 나는 외로움에 대한 성찰이야말로 꼭 필요하다고 생각한다. 질식이 무엇인지 누구나 아는 것처럼 외로움이 무엇인지 누구나 안다. 그런데 구태여 그걸 숙고해야 할 이유가 과연 있을까? 물론 내가 보기엔 이해하기 어렵고 다소 위험해보일 만큼 외로움을 과대평가하는 학파도 있다. 그들은 외로움을 자기발견 따위를 위한 낭만적인 기회로 간주하는데, 나는 사실 자기발견이라는 용어 자체도 유아론唯我論의 합리화이자 자아도취적 몰입이기 쉽다는 이유로 거리를 두며 의심스럽게 보는 편이다.

한편, 외로움을 단순히 "홀로된 느낌"쯤으로 해석하는 것은 너무 빈약하다. 동어반복이기도 하거니와 설명되지 않는 부분이 매우 많다. 따라서 나는 외로움을 구성하는 요소들을 건강 및 다른 사안들을 포함해 최대한 상세하게 설명할 예정인데, 그보다 먼저 정신적 교감 또는 동료의식의 반의어라 할 "무상관성immutuality"에 관해 이야기하고자 한다. 외로움은 교감의 두절, 고립무원 쪽에 가깝다. 이런 현상은 완전한 고립이나 군중 속에서 일어날 수도 있고, 의식하지 못하는 사이에 점차적으로 진행되기도 한다. 그런데 남성들의 경우, 시간이 지날수록 외로움에 둔감해지는 경향이 높다.

남성들은 지난 수천 년 동안 여성에 비해 고수익을 올렸고 그에 비례해 각종 특권을 누려왔다. 미국 인구센서스 결과를 보면 연간 10만 달러 이상 소득자, 〈포춘Fortune〉지 선정 500대 기업 최고경영자, 역대 미국 대통령, 주지사, 상원의원과 같은 주요 집단은 대부분 남성들로 이루어져 있다. 국가별로 다양한 평등지수를 비교하여 발표하는 여러 조사결과 또한 마찬가지다. 현재 여성이 남성보다 우월한 지위를 누리는 국가는? 없다.

그렇다면 남성들이란 생명력과 활기가 넘치는 족속이어야 하지 않을까? 한데, 그렇지 않다. 일례로 12대 주요 사망원인의 전 항목에서 남성사망률이 여성보다 높다. 2007년 발표된 한 보고서에 따르면, "남성은 태아기에서 노년기에 이르기까지 모든 단계에서 여성보다 높은 사망률을 보인다."[4] 사망률의 성별 간 차이는 이미 출생 단계서부터 시작된다. 여아 100명당 125명꼴로 남아가 잉태되지만, 정작 출생률은 여아 100명당 105명꼴이다. 약 20퍼센트의 남아가 잉태에서 출생으로 이어지는 데 실패하는 것이다. 신생 남아들 역시 여아에 비해 저체중 및 성장을 저해하는 각종 증후군에 노출되는 비율이 높다.

남성들에게 평생에 걸쳐 조종弔鐘이 울린다는 사실은 여러 면에서 확인할 수 있다. 1846~1847년 겨울 시에라네바다의 눈 덮인 산맥에서 고립돼 일행 중 일부가 인육으로 연명하기도 했던 도너 파티Donner Party를 예로 들어보자. 대체로 성인 남성들이 먼저 죽었고 그 다음 아이들, 특히 여아보다 남아들이 훨씬 더 많이 죽었다. 마지막까지 살아남은 사람들은 성인 여성들과 여자아이들뿐이었다. 도너 파티에 해당하던 규칙은 비록 절차는 전혀 다르지만 타이태닉Titanic 호에도 통용됐다. 자기 목숨까지 내놓아야 하는 이 극한상황에서 많은 남성들은 알지도 못하는 여성들에게 구명보트를 양보했다. 저주받은 배 위에서는 사회적·경제적·계급적 격차조차 이 같은 경향을 뒤집지 못했다. 최하층 여성들이 약 50퍼센트의 생존율을 보인 반면 최상층 남성들은 셋 중 한 명 꼴로 살아남았다(최하층 남성 대부분이 사망했음은 말할 필요조차 없다). 타이태닉 호와 도너 파티에서 확인된 양상은 병원 응급실에서도 그대로 들어맞는다. 쇼크상태에 빠진 환자들 중 여성은 외상수준이 동일한 남성들보다 14퍼센트 높은 생존율을 보인다. 유죄판결을 받은 살인범의 경우에도 비슷해 전체의 10퍼센트를 이루는 여성 살인범 중 채 1퍼센트도 안 되는 숫자만 사형집행을 당한다. 미국에서 사형제도가 재도입된 1976년 이래 살인죄로 처형된 수백 명 중 여성은 도대체 몇이나 될까? 네 명이다. 4퍼센트가 아니고, 총 네 명(물론 남성이 여성보다 중범죄를 저지를 가능성이나 과거 전과가 많다는 사실과도 관련된 통계다). 이런 사례들은 하나같이 상대적으로 높은 남성사망률을 입증한다.

  이 책의 연구 대상인 외로운 남성들에게서 이런 성향은 특히 두드러지게 나타난다. 1996년의 한 조사결과는 50세 이상의 남성 중 연고가 있는 이들의 사망률은 비교적 낮은 반면 외로운 남성들은 매우 위태로운 처지에 놓여 있음을 보여준다. 어려운 사건 하나쯤이야 어찌어찌 견뎌내지만 두 가지 이상이 한꺼번에 닥칠 경우, 이들의 사망률은 현저히 증가한다.⁵ 남성에게 외로움이란 생사를 판가름하는 문제이므로, 책의 마지막 부분에서 집중적으로 제시할 해결책은 문자 그대로 구명책求命策이라 할 수 있다.

(여성에 비해) 남성들을 더 많이 혹은 더 일찍 (또는 둘 다) 죽음에 이르게 하는 질병으로는 관상동맥 질환, 뇌졸중, 만성폐쇄성 폐질환, 독감 및 폐렴, 당뇨병, 에이즈, 자동차사고, 살인, 자살, 외상, 간질환 등이 있다. 폐암, 직장암, 인두암, 위암, 췌장암, 방광암 그리고 비-호지킨 림프종과 백혈병을 포함한 각종 암 또한 남성이 여성보다 50퍼센트 높은 발병률을 보인다.⁶ 바로 이런 이유로 2010년 출간된 〈하버드 남성건강보고서*Harvard Men's Health Watch*〉는 "남성: (의학상으로) 연약한 성."이라는 제목의 글을 싣고 있다.⁷ 직장 내 안전사고로 인한 사망자 또한 90퍼센트 이상이 남성이다. 앞서 언급한 1991년 오클랜드 지역의 화재에서 숨진 소방관과 경찰관 두 명도 남성이었다. 남성들의 직장 사고사는 어제오늘의 일이 아니다. 수렵채집사회에서 가장 위험하고 치명적인 행동은 아마 커다란 동물 사냥이었을 것이다. 리처드 랭엄Richard Wrangham은 《불이 붙다 *Catching Fire*》 (국내에서는 '요리본능'이라는 제목으로 번역 출간되었다. —옮긴이)라는 책에서 "가장 근간에 존재했던 사회의 99.3퍼센트에서 큰 동물을 사냥하는 행위는 절대적으로 남성의 몫이었다."⁸라고 말한다.

남성 사망은 충격적일 정도로 다양한 맥락에서 살펴볼 수 있다. 2009년 발표된 한 기사는 러시아의 사망률 전반을 다루면서 그것이 지난 수십 년간 어떻게 변화해왔으며 특히 최근 경향이 왜 우려스러운지를 밝힌다. 이 기사의 골자는 러시아인의 2006년 평균연령이 1964년

보다 낮아졌다는 것이었다. 이런 경향이 여성보다 남성에게서 뚜렷하다는 사실은 "러시아 남성들이 처한 상황은 특히 비참하다."[9]라는 구절로 미루어 짐작할 수 있다. 토니 저트Tony Judt는 저서 《전후*Postwar*》에서 다음과 같이 적고 있다. "공산주의 국가의 출산율은 서방에 비해 더 일찍 감소했고, 1960년대 중반부터는 (특히 남성들의 경우) 지속적으로 증가 추세에 있던 사망률이 더 악화되었다."[10]

남성 태아, 남자 유아, 소년 그리고 성인 남성들은 이처럼 번식을 위한 경쟁에서부터 시작해 높은 유산율, 사고, 암, 자살 그리고 다른 수많은 사망원인들로 가득한 일종의 장애물코스를 달리고 있는 셈이다. 여성보다 남성들에게 특히 위협적인 사망원인에는 무엇이 있을까? 남성들이 누리는 경제적 특권과 사회적 지위를 고려할 때 부와 권력의 어두운 이면, 그러니까 권력을 부여하되 스트레스가 심한 직업이거나 값비싸지만 유해한 음식으로 인한 심장마비 혹은 뇌졸중 등일까? 아니다. 자살이다.

2005년 자살한 미국인 3만 2,637명 중 약 80퍼센트에 해당하는 2만 5,907명이 남성이었다.[11] 고소득 계층과 슈퍼파워 집단에서 남성 비중이 지나치게 높은 것과 비례해 남성 자살자의 비중 역시 너무 높았다. 그런데 부와 권력의 남성 편중 현상이 뭇사람들의 이목을 집중시키는 반면, 높은 자살률로 대변되는 남성들의 불행은 이상하리만큼 대중의 관심 밖이다.

적어도 권력과 성공이 자살을 예방하는 역할을 해야 하는 건 아닐까? 권력자와 자살충동에 시달리는 사람들은 서로 다른 집단에 속해야 마땅하지 않은가? 하지만 여성에 비해 월등히 높은 남성자살률을 고려할 때, 답은 결단코 "아니다!"이다. 도대체 왜 사회적 성공도와 자살률은 비례하는 것일까? 나는 '외로움' 때문이라고 생각한다.

죽음과 외로움을 결부시키는 것이 터무니없게 여겨진다면, 남성 자살을 좀더 자세히 살펴보자. 남성, 특히 노년층 남성들은 다른 집단과는 비교도 안 될 만큼 높은 자살률을 보인다. 자살에 관한 신뢰할 만한 통계가 생긴 이래, 아니 짐작컨대 그보다 훨씬 전부터 그래왔다. 일례로 조르주 미누아Georges Minois는 저서 《자살의 역사History of Suicide》에서 중세에 자살로 생을 마친 54명에 대한 기록을 옮겨놓고 있는데, 대다수가 남성이었다. 최근 〈미국보건학회 저널American Journal of Public Health〉의 발표에 따르면 21세기 첫 10년 동안 자살은 더욱 증가했고 특히 40대 후반부터 50대 남성들의 자살률 증가가 두드러졌다. 또 다른 기사는 "1979년부터 2005년까지의 중년 자살률을 분석한 결과 50~59세 사이 남성의 자살이 현저히 늘어났음을 확인했다."[12]라고 보도했다.

남성들의 주된 문제는 자기혐오, 어리석음, 탐욕과 같이 흔하게 제기되는 것들이 아니다. 본질적인 문제는 외로움이다. 나이가 들면서 남성들은 가족 및 친구들과의 접점을 점차 잃게 된다. 문제는 소중한 것을 잃었다는 사실을 감지하지 못하거나 설령 안다고 해도 잃어버린 것을 되찾으려 노력하지 않는다는 점이다. 그로 인해 50세 남성들은 극단적으로 말하자면, 20세의 남성들보다 훨씬 덜 행복할 수밖에 없다.

이런 경향은 비단 학술서뿐 아니라 여타 다양한 기록들에서도 확인된다. 일례로 2010년 〈에스콰이어Esquire〉 10월호에 실린 "미국 남성보고서"에 따르면 20세 남성들의 61퍼센트가 대체로 행복하다고 답한 데 반해, 50세 남성들의 경우 49퍼센트만이 같은 답변을 했다. 또한 "지금 현재" 삶의 재미 수준이 최하(아무 재미없음) 1에서 최고(무척 재미있음) 5까지 중 어디에 해당하느냐는 질문에서는 1에서 3 사이를 선택한 비율이 50세 남성들의 경우 69퍼센트였던 반면, 20세 남성의 경우는 52퍼센트였다. 게다가 "오늘이야말로 남성으로서 살기에 가장 최고의 시간이다."라는 명제에 50세 남성들의 17퍼센트가 강력히 부정한 데 비해, 20세 남성들의 경우는 10퍼센트만이 반대했다.

남성들은 나이가 들어감에 따라 무기력하게 스러지면서도 상황을 개선시키려는 노력은 거부하는 경향을 보인다. 2008년의 한 연구는 남성이 여성에 비해 타인을 신뢰하거나 주변에 도움을 청하는 데 훨씬 더 서툴다는 사실을 드러낸다. 남성들은 의료 담당들에게조차 그런 태도를 보였다.[13] 어느 자살 사망자의 부검보고서에는 "그는 친구가 없었다. (…) 의사들을 신뢰하지 않았고, 도움이 필요하다는 것을 알면서도 도움을 요청하지 않았다."[14]라고 적혀 있다.

나이가 많은 사람일수록 정신이상자로 낙인찍힐까 두려워 정신건강 치료를 중단하는 경향이 높다. 심지어 남자들은 어린 시절에도 (여자아이들에 비해) 정신 치료를 받는다는 사실 자체를 부정하거나 공개적으로 알려지는 걸 꺼리는 성향을 보인다.

남성들은 건강을 제대로 돌보기보다는 당장 증상을 완화시켜주는 (냉정하게 말하자면 그렇게 믿는) 미봉책에 의존한다. 장기적으로 외로움이라는 근본적인 문제를 악화시키기 일쑤인 혼외정사, 이혼, 알코올, 총기, 나스카NASCAR 경주, 골프 따위가 여기에 포함된다. 사실 남성들이 맞닥뜨린 외로움의 즉각적 해결책은 "나를 건드리지 마"라는 유아독존식 태도를 "사랑하는 사람들과 도움을 주고받는 유대관계를 맺고 싶다."로 전환하는 것이다. 하지만 남성들은 여성에 비해 이 전환을 매우 힘들어한다.

게다가 최근 몇 년 사이 전세계적으로 불어닥친 불경기는 남성들을 더욱더 어려운 상황으로 몰아넣었다. 미국의 경우 55세 이상 인구 실업률이 대공황 이후 최고 수준으로 치솟았으며 이러한 상황은 국경을 넘어 세계적인 현상으로 자리잡았다. 더 말할 것도 없이 이들 실직자 대부분은 남성이다. 경제적 한파 속에서 다른 사람들과의 유대는 일종의 피난처 역할을 한다. 가족과 친구들의 조언, 물질적 지원 등은 충격을 완화하고 신체적·정신적 건강을 유지하도록 돕는다. 일자리 기회 주선 같은 실용적 기능 역시 마찬가지다. 그러나 여성에 비해 이러한 유대 관계를 형성하지 못한 남성의 경우, 경제난은 언제나 최악의 상황을 초래한다.

플로리다 주립대학교 경영대학은 최근의 불경기가 직업과 대인관계의 균형이라는 측면에서 남성과 여성에게 어떤 영향을 미쳤는지 조사 발표했다. 조사대상은 1,100명의 정규직 노동자들이었다. 보고서에는 어떻게든 낙관적인 상황을 찾고자 애쓴 흔적이 엿보인다. 가령 "응답자의 48퍼센트가 불경기로 인해 가족에 대한 감사의 마음이 커졌다고 답했다."는 항목이 있다. 뒤집어보면 조사대상 중 절반 이상은 가족에 대한 감사의 마음이 증가하지 않았다는 얘기다. 마찬가지로 "응답자의 49퍼센트가 불경기로 인해 물질보다 사람의 가치를 더 중시하게 되었다고 답했다."는 항목이 있다. 여기서도 절반 이상은 물질보다 사람의 가치를 더 중시하지 않은 셈이다. 암담한 상황을 감추기가 점점 곤란하다는 사실을 반증하는 세 번째 항목은 "응답자의 23퍼센트가 불경기로 인해 가족과 여가보다 일에 과도하게 열중하는 현상에 대해 자각했다고 답했다."는 대목이다. 위에 인용된 세 가지 항목에는 각각 밑줄 친 표현들이 있는데, 불경기 와중에도 희소식이 있음을 알리려 안간힘을 쓴 흔적으로 읽힌다. 그러니까 일보다 가족과 주변 사람들을 중시하고, 나아가 일에 대한 과도한 열중의 위험성을 직시하게 된 사람들도 있다는 얘기를 하고 싶었던 것 아닐까. 조사결과를 보면 이런 문제들을 새로이 인식한 사람들도 분명 존재한다. 단지 그들의 수가 얼마나 적은지를 알고 나면 씁쓸해질 따름이다.

플로리다 주립대 경영대학의 침울한 설문조사 결과는 "70퍼센트 넘는 직장인이 직장생활 하루하루가 '결코 끝나지 않을 것처럼 느껴진다'고 응답했다."는 항목에서도 이어진다. 장기근속한 직장에서 해고된 48세의 생산설비 책임자는 "이 회사에서 뼈빠지게 일하느라 자라는 아이들과 제대로 함께하지도 못했는데, 내게 남은 건 도대체 뭔가요? 아무것도 없어요!"라고 토로했다. 이 조사의 주요 결론은 남성과 여성이 불경기와 관련해 상당한 입장 차이를 보인다는 사실이다. 남성이든 여성이든 불경기가 즐거울 리 만무하다. 그런데 남녀의 우려는 본질적으로 서로 달랐다. 남성들의 관심사는 직장에 쏠려 있었고 일자리 불안과 직장 내 경쟁, 심지어 동료 간의 적대감 등을 걱정했다. 남성들이 (경쟁 상대 또는 적대적인 사람을 제외한) 타인들에 아무 관심이 없다는 점에 주목하자. 이와 반대로 여성들은 직장과 가정생활 간의 갈등을 우려했고, 직장 내의 책임 증대가 가족에 미치는 악영향에 괴로워했다.

대부분의 불경기는 비슷한 불안을 초래한다. 이토록 어려운 시기야말로 남성의 외로움이라는 문제가 더욱 확산될 가능성이 높다. 게다가 이러한 불경기가 장기간 지속될 가능성이 농후하다는 데 주목해야 한다. 대공황 시대의 경우, 실업률이 25퍼센트라는 최고점을 찍은 지 일년 후 자살률이 최고조로 치솟았다.

불황기뿐 아니라 평범한 시절에도 그리고 나이가 들수록 남성들의 처지가 불우하다는 내 주장이 너무 편파적일까? 물론 나 자신 남성이므로 다소 그럴지 모른다. 하지만 내가 결코 남성들에게만 관대한 것은 아니다. 그 이유는 차차 밝혀지겠지만 우선, 내 논지는 확실한 통계 수치에 의해 입증되고 있다. 둘째, 내가 남성들의 미덕을 찬미하는 쪽은 아니라는 사실을 기억해주기 바란다. 오히려 나는 남성들의 약점을 냉정하게 간파하고 있으며, 이 책을 통해 그 약점이 어떤 결과를 불러오는지 밝혀낼 것이다. 셋째, 나의 논리는 남성들이 응석받이와 같은 면이 있다는 명제의 종합이자 그 문제에서 출발한다. 남자아이와 청년들이 수월하게 살아왔다는 주장과 남성의 처지가 불우하다는 주장은 내가 보기에 상충하지 않는다. 오히려 이 두 가지 주장은 모두 유리한 위치에서 출발하지만 그 유리했던 것들이 차츰 빚으로 변해가는 남성들의 인생 여정을 사실대로 표현한다. 마치 신탁기금이 보유자의 무능으로 인해 부채로 돌변하는 상황과 같다.

## 불행이 시작되는 자리

여성들의 자기만족도는 나이가 들수록 높아진다. 어머니 역할에서 얻는 만족감이 높아지는 것과 궤를 같이하는 결과다. 남성들 역시 아버지 역할을 수행하지만, 여성들에 비해 그 빈도와 성공도는 대체로 낮다. 바로 그 때문에 남성들은 외로워지고 사회적으로 무력해지며 진정한 유대관계에 목말라하게 된다. 그리고 기껏해야 술, 골프 또는 총과 자동차의 굉음 따위에서 한줌도 안 되는 위안을 얻는다.

왜 남성들에게 이런 일이 일어나는 것일까? 유년시절에는 사실상 친구관계를 피할 수 없다. 오거스틴 버로스Augusten Burroughs는 회고록 《말라붙은 감성Dry》에서 성인이 돼 재활원에서 새 친구를 사귀는 과정을 다음과 같이 묘사한다. "여섯 살 혹은 일곱 살로 돌아가면 쉽게 친구가 될 수 있다. 다른 아이에게 그네를 양보하면 그걸로 두 아이는 단짝이 된다. 그렇게 싫던 수학도 더 이상 신경이 안 쓰인다. 질문도 필요없다. 내가 이 아이와 너무 많은 시간을 보내는 걸까? 내가 엉뚱한 신호를 보내는 건 아닐까? 자문하지도 않는다."[15] 재활원이란 곳이 성인 남성에게 이 같은 경험을 제공할 수 있다면, 급속도록 악화되는 남성 외로움이라는 문제의 희망과 어려움을 동시에 보여줄 것이다. 희망은 적절한 여건이 형성된다면 성인이 되어서도 어린시절과 같이 즉각적으로 새 친구를 얻을 수 있다는 점이고, 어려움이란 바로 그 적절한 조건을 어떻게 만들고 키워나가느냐는 점이다. 재활원이라는 특수 조건이 누구에게나 주어지지는 않을 테니 말이다.

유아기나 사춘기에는 남녀를 불문하고 친구를 쉽게 사귄다. 바로 이것이 (성인 남성들과 달리) 남자아이들이 여자아이들보다 더 외롭지 않은 이유이다. 또래들과 함께 매일 되풀이하는 학교생활은(수업, 휴식, 점심 등) 사교를 불가피하게 만든다.

초등학교 교실에서 친구가 전혀 없는 아이를 찾기란 쉽지 않다. 아무리 수줍거나 문제가 많은 아이라 해도 한두 명의 단짝은 있게 마련이다. 그러나 곧 바닥나버리는 사회보장 신탁기금처럼, 이러한 양상은 오래 지속되지 않는다. 인구의 절반인 여성들은 이 사실을 잘 아는 데 반해, 다른 절반인 남성들은 이 교훈을 체득하지 못하는 것 같다.

메타분석(다양한 종전 연구결과들의 양적 통합을 통한 분석) 기법을 활용한 한 연구에 따르면, 사춘기 시절 남자아이가 겪는 외로움의 정도는 매우 강하다. 이러한 연구결과는 "외로운 성"이라는 나의 가설에서 시작된 정밀한 추정들과 일치한다. 남성들이 말로는 외로움이라는 감정 자체를 부정하면서도 실제로는 외로움을 많이 탄다는 사실은 굉장히 흥미롭다. 왜 이런 일이 벌어지는 걸까? 남성이 외로움을 시인했다가 오명을 뒤집어쓴 사례들은 너무 많다. "강함"이라는 단어로 표현되는 성별 고정관념과 스스로 외로움을 인지하지 못하는 증상이 합쳐져 남성의 외로움은 극단으로 치달을 가능성이 농후하다. 스스로 외롭다는 사실을 인지하지 못하든 무의식적으로 그러한 사실을 밀어내는 것이든, 이러한 심리상태는 남성을 이해하는 필수조건이다. 왜냐하면 그것이 "군중 속의 외로움" 그리고 "고독함"과 더불어 남성이 느끼는 외로움의 3대 특징 가운데 하나이기 때문이다.

"혼자라는 사실을 인지하지 못하는 상태"는 남성의 외로움에 지대한 영향을 끼친다. 특히 (주변 누구나 인지할 만큼) 이미 외로움을 심하게 앓고 있는 이들과 달리 초기 증세를 보이는 사람에게 "군중 속의 외로움," 즉 혼자가 아닌데도 혼자인 듯한 느낌은 실제와 체감 고립감 간의 부조화라는 측면에서 매우 당혹스러운 현상이다. 자살사망자 중에는 이런 경우가 의외로 많다. 다른 사람들이 곁에 머물며 사랑과 지원을 표현하지만 내적으로는 절망적으로 혼자인 남성들이다. 이 남성들은 누구에게도 마음을 털어놓지 않기 때문에 그들의 죽음은 이미 고인이 된 당사자를 제외한 모두에게 너무나 갑작스럽고 충격적인 사건이다. 물론 "진정으로 외로운" 사람도 종종 있다. 주변에 아무도 없는데다 절망적으로 고독한 사람들, 자살사망자의 절대다수가 여기에 속한다.

소설가 잭 런던Jack London의 삶과 죽음은 이 셋 가운데 두 가지로 설명될 수 있다. 10~20대 시절 런던은 사교적이고 모험심 가득한 젊은이였다. 바다표범잡이 배의 선원으로 여러 달을 바다 위에서 보내기도 했을 정도다. 친구가 저절로 만들어질 수밖에 없는 환경이었다. 이런 배 위에서는 타인과의 교류가 거리낌없이 진행되기 십상이다. 하지만 사춘기의 외로움을 다룬 작품들을 보면 이미 그 시절부터 런던에게는 외로움의 씨앗이 싹트고 있었을지 모른다.

그는 20대 시절에 "혼자라는 사실을 인지하지 못하는 상태"에 들어섰을 것이다. 런던의 인생 궤적이 시간에 따라 어떻게 변했는지는 그의 전기 목차만 봐도 알 수 있다. 앞 장들은 "초인" "달을 향해 울부짖다"와 같은 제목을 달고 있는데, 이것은 런던 소설의 힘을 암시하는 동시에 타인에 대한 언급이 전무하다는 측면에서 "혼자라는 사실을 인지하지 못하는 상태"와도 맞물린다.[16] 런던의 외로운 퇴락과 자살을 기록한 마지막 장의 제목은 "코 없는 사람"이다. 자살 직전의 그는 자신의 외로움을 망각하는 단계를 훌쩍 지나 "진정으로 외로운" 상태였다. 동료 선원들은 물론이고, 20세의 청년 런던조차 20년 후 자신이 친구 하나 없는 신세로 자살한다는 말에 코웃음을 쳤을 것이다. 생기 넘치고 모험심 가득한 청년에게는 말도 안 되는 소리였을 테니까. 하지만 그는 자살했다. 시간이 지날수록 친구들은 떠나갔고 그 빈자리는 새 친구들로 메워지지 않았다. 나이가 들어 다른 어느 시기보다 친구가 필요했을 때, 곁에서 그를 보살펴줄 이는 거의 없었다.

남성들은 대체로 자연스레 친구를 사귀는 학창시절을 지나 성인이 된 후, 스스로 노력해야만 교우관계가 유지되는 단계로의 전환에 실패하는 듯하다. 이는 남성의 자살률, 이혼율, 그리고 친구가 없는 삶으로 입증된다. 가장 결정적인 그들의 실패 원인은 앞서 언급했듯이 친구란 존재가 (초등학교 3학년 시절처럼) 별다른 노력 없이도 영원히 남아 있으리라 착각하는 데 있다. 이런 태도는 남성으로서 누리는 특권과 처우들로 인해 이미 응석받이가 되어버린 그들의 상황과 맞물려 더욱 악화된다. 깊은 관계들이 다 그렇듯 친구관계 역시 시작과 유지에 공력이 소요된다. 초등학교와 같은 환경이 아니라면 수동적이고 기대만 많은 응석받이 식의 접근으로는 친구를 잃을 수밖에 없다. 물론 남성들은 사춘기 시절이나 대학교에서 사귄 친구들로 얼마 동안은 살아나갈 수 있다. 잭 런던도 35세에는 불과 5년 사이에 다가올 재앙을 예감하지 못했을 것이다. 그가 마침내 파국을 알아차렸을 때는 이미 늦어버린 상태였다. 50대에 이르면 남성들의 사교반경에 일어난 침식이 너무도 뚜렷해져 당사자들도 알아차리게 된다. 하지만 스스로 훈련을 한다면, 20~30대처럼 훨씬 더 이른 시기에도 이런 현실을 눈치챌 수 있다. 말하자면 탈모증상과 유사하다.

응석받이라는 점 말고, 남성들이 성인이 된 이후 공력이 필요한 친구관계로의 전환에 실패하는 두 번째 원인은 첫 번째 이유와 관련 있다. 자연스러운 일이지만 20~30대로 접어든 남성들은 직업과 진로라는 렌즈를 통해 돈과 지위에 몰두한다. 여성들도 비슷한 상황과 맞닥뜨리지만 남성들처럼 돈과 지위에 열중하지는 않는다. 돈과 지위에 대한 집착은 관계의 침식을 초래한다. 어떤 상황에서든 한 가지(가령 물질적 재산)에 더 많은 여력을 쏟을수록 다른 것들(가령 새로운 친구들)에 할당할 관심은 적어질 수밖에 없기 때문이다. 심리학자 팀 캐서Tim Kasser는 《물질주의의 값비싼 대가 The High Price of Materialism》라는 책에서 부와 물질 축적에 대한 과도한 열중이 전반적 행복도 감소, 그리고 내 주장의 핵심이라 할 수 있는 "관계에서의 친밀도와 만족도 감소" 등 여러 부정적 결과를 불러온다는 사실을 설득력 있게 보여준다. 대다수 남성들은 세월이 갈수록 친구관계로부터 떨어져나와 돈을 모으고 지위를 획득하는 일에 골몰하다가 어느 날 문득 공허한 인생과 마주친다. 젊은시절 목표로 삼았던 돈과 지위를 마침내 얻었는데 이제 지독히 외롭다. 정상에서의 외로움이라니…. 외로운 성이 처한 아이러니한 현실이다.

나는 갈수록 악화되는 남성의 외로운 삶과 그 기원을 추적하고 나아가 해결책을 제시하기 위해 이 책을 썼다. 그러기 위해 나 자신과 다른 학자들의 최신 과학적 연구결과를 포함하는 접근법을 사용했다. 이성적이기는 하되 다양한 사람들의 사례를 실어 충분히 공감하리라 믿는다. 이 책에는 개인적인 서사 역시 들어 있다. 바로 나 자신이 나이 들어가는 남성이라는 사실과 내 아버지가 문제적 남성이 걷는 일련의 과정을 거쳐 56세의 나이에 자살로 생을 마쳤다는 점이다.

내가 다섯 살 나던 해, 부모님 침실에서 아버지와 주고받던 이야기가 문득 떠오른다. 친분 있는 유명 운동선수와 성공적으로 사업을 운영하시던 아버지는 출근 준비를 하고 계셨다. 아버지는 부와 지위를 얻기 위해 전력투구하는 스타일이었을 뿐만 아니라, 이미 어느 정도 그것을 성취한 상태였다. 당시 아버지의 절친한 친구라고는 동업자뿐이었는데, 지금 와서 돌아보면 그조차 깊은 우정이라고는 할 수 없었다. 나는 갑자기 아버지가, 그리고 우리 가족 모두가 염려스러워졌다. "아빠, 아빠가 그 아저씨랑 더 이상 친구 사이가 아니게 되면 어떻게 해요?" 내 질문에 아버지는 피식, 웃으시더니 자신감 넘치면서도 대수롭지 않다는 표정으로 "걱정되니?" 하고 반문하셨다. 그로부터 20년 후, 친구도 동업자도 사라졌을 때 아버지는 스스로 목숨을 끊으셨다.

내가 조숙한 다섯 살배기였다는 말을 하려는 건 아니다. 그보다는 막 유치원에 들어간 첫날은 몹시 두려웠지만 마술처럼 생겨난 친구들 때문에 다음날을 기다리기가 좀이 쑤시던 아이, 그리고 35세 성인 남자가 보지 못한 것을 볼 수 있었던 평범한 "어린아이의 입에서 나온 지혜로운 말" 정도라고 하는 것이 좋겠다.

물론 아버지는 다섯 살 꼬마가 보지 못한 것을 보고 계셨다. "돈 충분하겠다, 사업 전망 훌륭하겠다, 젊고 아름다운 아내와 건강한 두 아이까지 있는데, 무슨 걱정이 필요한가?" 결국 이 논쟁은 다섯 살배기의 승리로 끝났지만, 아버지가 돌아가신 마당에 그 승리가 무슨 소용이 있을까.

성인 남성이 보지 못하는 것을 어린아이가 천진하게 꿰뚫어본다는 건 무엇을 의미할까? 다섯 살배기를 비롯해 누구에게나 명백히 보이는 본질적인 것을 남성들은 잘 보지 못한다는 뜻이다. 그들은 자신만의 눈가리개를 쓰고 있는지도 모른다.

•
### 외로움은 낭만적 감상이 아니야

외로움은 무엇이고, 어떻게 죽음이라는 극단으로 사람을 몰아가는 걸까? 외로움을 과학적으로 연구한 결과 나는 다음과 같은 정의에 도달했다. "고독, 단절, 친밀감 부재 경험, 욕망하는 만큼의 사회적 접촉 결여."[17] 중요한 것은 외로움이 내면의 정서적 경험인데 반해 그 단면이자 관계항인 사회적 교류 결핍은 객관적이고 사회적이라는 사실이다. 이 두 측면은 따로 존재하되 서로 밀접하게 연관되어 있다. 누군가 객관적으로 많은 양의 사회적 교류를 즐긴다면, 그는 정서적으로 유대감을 느끼며 주관적인 측면에서 만족한다는 의미이기 쉽다. 한마디로 외롭지 않은 상태이다. 그러나 "군중 속의 외로움" "혼자라는 사실을 인지하지 못하는 상태" 등의 표현이 암시하듯 이 두 측면이 항상 조화를 이루지는 않는다.

내면의 정서적인 경험과 외면의 객관적이고 사회적인 관계 간의 차이는 학술적인 차원을 넘어 존재한다. 사회적 지원에 관한 권위 있는 연구에 따르면, 두 명의 친구를 갖고도 든든한 지원군을 둔 것처럼 느낀다면 이 사람은 열 명의 친구가 있지만 그렇게 느끼지 못하는 사람보다 더 나을 수 있다.[18] 그러나 자살자의 유서를 통해 종종 확인되듯, 지인들의 지지와 존경을 받으면서도 깊은 외로움을 경험하기도 한다. 에드윈 슈나이드먼Edwin Shneidman의 1996년 저서 《자살 심리 The Suicidal Mind》에 언급된 사례들은 외로운 느낌을 표출하는 사람들이 반드시 객관적으로 혼자인 것은 아니라는 사실을 잘 보여준다. "간절히 원하는 사랑이 내게 없고 그래서 아무것도 남은 게 없어요." "난 당신과 어린 조가 내 삶으로 돌아오리라 확신했는데, 당신은 그러지 않았어요." "당신 없이는 도무지 살 수가 없어요. 죽은 것이나 다름없어요. 마음속 공허감 때문에 죽을 듯이 아파요. (…) 당신이 떠났을 때 나는 이미 죽었어요."[19] 마리 오스먼드Marie Osmond(미국의 대중가수. —옮긴이)의 아들 마이크는 자살하기 전날 어머니에게 자신은 "친구도 없고 비참하다."고 털어놓았다. 또한 기원전 2000년 무렵 이집트어로 씌어졌으며 알려진 바로는 역사상 가장 오래된 한 자살자의 유서에는 "내 삶은 비참함으로 가득하고 믿을 수 있는 친구는 단 한 명도 없다."[20]라는 구절이 담겨 있다. 외로움의 내면적이고 감정적인 경험과 외적·사회적 실재에 유의미한 차이가 존재하는 셈이다.

하지만 이때 정서적 외로움과 사회적 외로움이 서로의 감지기 역할을 한다면 어떨까? 자동차의 연료탱크와 그 감지기인 연료측정기를 예로 들어보자. 탱크가 텅 비었는데도 측정기는 "F(full)"를 가리키는 상황이 발생할 수 있다. 이 경우 연료가 떨어졌는데도 경보警報 상태를 경험하지 못한다면 결코 좋을 리 없다. 텅 빈 탱크라는 사실과 함께 측정기가 "E(empty)"를 가리키는 상황을 겪는 것이 유익하다. 제대로 작동하는 감지기는 문제점이라기보다 오히려 해결책을 향한 안내 신호이다.

20년간의 임상 경험을 회고해보면, 내가 담당한 환자 중 노년층 남성을 떠올리기란 쉽지 않다. 이것은 내 기억력의 문제라기보다 바로 이 책의 논지를 반영하는 결과다. 남성들은 정신건강 의료진을 포함하여 타인에게 도움을 요청하지 않는 경향이 높다. 내가 치료한 몇 안 되는 노년 남성들 중 하나는 중증의 우울 장애를 앓고 있었다. 그의 우울증은 대단히 심각하고 오래된 것이어서 거의 움직임이 없었다. 그에게는 치료를 받으러 오는 과정(집 안에서 자동차까지, 자동차에서 상담실까지 걸어가는 일련의 절차) 자체가 마치 마라톤을 하듯 힘겨운 일이었다. 간신히 상담실에 들어온다 하더라도, 말하는 것조차 고역이어서 초기에는 상담 시간의 90퍼센트가 침묵으로 메워질 정도였다. 그는 과거에 정신병동 입원, 항우울제 투약, 전기경련 요법과 같은 치료를 받았지만 아무런 효과를 볼 수 없었다. 좋은 결과를 준 치료법은 가족, 친척 그리고 옛 친구들 순서로 타인과의 관계를 회복시키는 데 집중하는 끈질긴 상담이었다. 이 환자가 치료를 받기 시작한 시기와 그로부터 6개월 후의 모습을 비디오테이프로 볼 때면 올리버 색스Oliver Sacks의 《깨어남Awakenings》이 떠오른다. 이 책을 원작으로 로버트 드 니로가 엘도파L-DOPA라는 약물치료를 받고 회복하는 긴장증緊張症 환자 중 한 명으로 출연한 영화가 제작되기도 했다. 마치 긴장증 환자와 유사하게 심한 우울증에 시달리던 나의 환자 역시 회복했는데, 이는 약물이 아니라 엄격한 외로움 감소 프로그램을 통해 얻은 결과였다.[21]

나는 연구를 통해 사회적 외로움이 정서적 외로움보다 어떤 면에서 더 근본적이라는(예를 들어, 심각한 우울 장애가 될 가능성이 더 높다) 점뿐만 아니라, 사회적 외로움과 정서적 외로움은 불가분의 관계라는 사실을 확인했다. 손상은 되었으되, 아주 망가지지는 않은 남성들의 외로움 감지기를 넓은 맥락에서 살펴보기 위해서는 감지기가 완전히 고장난 증후군들을 살펴보는 것도 흥미롭다. 그런 질환으로는 두 가지가 있는데, 바로 자폐 범주성帆柱性장애와 분열성 인격장애다.

## • 심장을 갉아먹는 내면의 벌레

"범주성"이란 용어가 암시하듯 자폐 범주성장애에는 다양한 증상이 존재한다. 그중 가장 명백하고도 극심한 자폐 장애는 심각한 소통장애, 반복적이고 정형화된 행동, 사회적 상호작용 기능장애 등을 특징으로 한다. 또한 신체 접촉에 극도로 민감하거나 혐오감을 표출할 수도 있는데, 정도는 다르겠지만 남성들 또한 이와 같은 특징을 지닌다. 자폐 범주성장애는 여성보다 남성에게서 더 자주 발생한다. 자폐증으로 인한 사회적 상호작용 기능 손상은 대단히 치명적일 수 있는데, 타인과 관심이나 즐거움을 공유하지 않는 것, 사회적·정서적 상호관계의 결핍 등을 포함한다. 달리 표현하자면 외로움 감지기가 고장난 상태이다. 분열성 인격장애는 "타인과의 친교에 대한 욕구 결핍"으로 규정할 수 있다. 통계에 따르면 이 질환 역시 여성보다 남성에게서 더 흔히 발생한다. 분열성 인격장애는 자폐 범주성장애의 변종에 가깝다는 것이 내 의견인데 《정신질환 진단 및 통계 편람*Diagnostic and Statistical*

*Manual of Mental Disorders*》개정판 작업에 한창인 필진들도 비슷한 생각인 듯하다. 곧 나오게 될 5판에는 분열성 인격장애가 포함되지 않을 것으로 보인다. 이 질환이 자폐 범주성장애와 별개로 존재하는 질환이 아니라는 합의가 이루어졌기 때문이다.

확실한 것은 외로움에 대한 감지기가 무뎌지는 사례가 존재한다는 사실이다. 정상적으로 작동하는 외로움 감지기와 자폐증 환자들의 망가진 감지기 사이에는 군집群集 연속체가 존재한다. 대부분의 사람들은 비교적 "정상작동" 근처에 있지만 남성들은 평균적으로 완전히 망가지지도 그렇다고 완전히 정상작동하는 것도 아닌 중간 정도에 위치한다.

남성들의 정서적 고립감과 사회적 외로움만이 자폐 범주성장애와 분열성 인격장애의 사례는 아니다. 통증을 예로 들어보자. 드물지만 통증을 느끼지 못하는 사람들이 있다. 언뜻 운 좋은 사람들로 비춰질 수도 있다. 하지만 이들은 대개 일찍 죽는다. 왜냐하면 감염, 관절 질환, 맹장염 등을 모르고 지나치기 때문이다. 맹장염을 앓는 사람에게는 병원에 가야 한다는 신호, 즉 통증은 참된 도움이 된다. 척수공동증空洞症 환자들은 특정한 신체 부위, 특히 손의 통증을 느끼지 못한다. 이 질환을 앓는 사람이 흡연할 경우, 다 타버린 담배가 손가락을 태우는 것조차 까맣게 모를 수 있다. 보통 사람이라면 전달받았을 통증 신호가 단절됐기 때문이다.[22] 내가 《왜 사람들은 자살하는가?*Why People Die By Suicide*》와 《자살에 관한 미신*Myths About Suicide*》 등의 책을 통해 제시한 자살행동 이론도 이와 비슷한 내용을 담고 있다. 사람들은 자해를 포함해 어떤 부상이 됐든 경고신호를 내보내고 경보음을 울리도록 만들어져 있다. 하지만 자살로 죽는 사람들은 통증이나 부상 등에 대한 두려움이 없는 상태로 내몰린다. 다시 말해, 감지기가 무디어진 것이다.

자폐증, 척수공동증, 또는 극심한 자살욕구를 지닌 사람들의 감지기는 확실히 둔해져 있다. 특히 "사회적 배척"은 사람들을 일시적으로 정서적 마취상태에 빠뜨린다. 다음 실험은 이 특징을 잘 드러낸다. 조사에 응한 사람들은 간단한 인성 설문지를 작성한다.[23] 그들은 분석결과를 받지만 사실 설문지를 어떻게 작성했는가와 상관없이 미리 정해둔 세 가지 답 중 하나가 무작위로 주어진 것일 뿐이다. 먼저 "어울려 사는 미래" 그룹에게는 다음과 같은 피드백이 주어진다. "당신은 평생토록 풍요로운 관계를 누릴 유형입니다. 길고 안정적인 결혼생활을 하고 친구들과의 관계는 만년에 이를 때까지 지속됩니다. 당신 옆에는 항상 친구들과 사람들이 모여들 것입니다." 실험에 참가한다면 누구나 이 그룹에 속하고 싶을 것이다.

한편 "홀로 사는 미래" 그룹에게 주어진 피드백은 이렇다. "당신은 훗날 외톨이로 살아갈 유형입니다. 지금은 친구들과 관계를 맺고 있을지 모르지만 20대 중반이면 모두 떨어져나갈 것입니다. 어쩌면 몇 차례 결혼도 할지 모르지만 오래지 않아 파경을 맞아 30대까지 이어지지 않습니다. 관계는 지속되지 않고, 계속해서 새 관계를 형성하는 나이가 지나면 당신은 더욱더 외로워질 가능성이 높습니다." 정말이지 쓰라린 진단이 아닐 수 없다. 그 점에 대해서는 나중에 더 다루기로 하고, 먼저 이 조사는 대학 내부검토위원회의 까다로운 검토를 거쳐 공식적인 승인을 받았음을 강조하고자 한다. 또한 이 피드백은 남성이 나이가 들수록 관계를 잃어간다는 이 책의 논지와 정확히 일치한다는 점에 주목해주었으면 한다.

마지막으로 "불운 통제 조건" 그룹에게 주어진 피드백은 다음과 같다. "당신에게는 훗날 사고가 많이 일어날 것입니다. 여러 차례 팔이나 다리가 부러질 수 있고, 자동차 사고로 부상을 당할 수도 있습니다. 여태까지 사고를 겪지 않았다면 곧 일어날 것입니다. 당신은 아주 많은 사고를 당할 가능성이 높습니다."

"어울려 사는 미래"는 물론 "불운 통제 조건" 그룹에 속하는 사람들조차 분석결과에 그다지 동요하지 않은 데 반해, "홀로 사는 미래" 그룹 사람들에게서는 무수히 많은 부정적 결과가 확인되었다. 그들은 실험실에서 공격적, 반反사회적, 자기파괴적 행동(과도한 위험부담 떠안기나 시급한 용무를 뒤로 미루기)을 주로 보인 반면 지성적인 사고(논리적인 추론)는 거의 드러나지 않았다. 놀라운 점은 그렇다고 "홀로 사는 미래" 그룹이 부정적인 기분이나 괴로움 등을 호소하지도 않았다는 점이다. 그들의 기분상태는 "멍함"이었다.

실생활에서 반복적으로 사회적 배척과 외로움을 경험할 경우, 사람들은 무디어진 감지기, 과도한 위험부담 떠안기, 분노, 공격성, 결과에 대한 인식 결핍의 총체로 변모한다. 마치 전형적인 남성에 대한 묘사처럼 들리지 않는가? 2008년 한 기사는 "많은 남성들은 못된 성미를 부리는데, 그들은 그것이 정상이라고 생각한다."고 발표했다. 고착된 문제들에 따라 감지기는 한층 더 무뎌지는 악순환을 반복한다. 분노라는 감정은 부정적이지만 참여를 가능케 하는 감정의 표출이라는 점에서는 긍정적이다. 감정 표출의 동기는 후퇴와 고립이 아닌 참여와 접근을 지향하기 때문이다. 그러므로 남성들은 감정 표출을 좀더 하되 그것이 부정적인 감정으로 이어지지 않도록 유의할 필요가 있다.

윌리엄 제임스William James는 일상적인 경험도 방치하면 인간 고통의 최고점으로 치솟을 수 있다고 생각했다. 1890년 출판된 명저 《심리학 원론The Principles of Psychology》에서 그는 다음과 같이 쓰고 있다.

> 누군가를 사회에 풀어놓고 다른 구성원들의 주의를 철저히 차단하는 것보다 더한 극약처방은 없다. 우리가 실내에 들어올 때 그 누구도 고개를 들어 바라보지 않거나, 말을 걸어도 대답하지 않거나, 무슨 일을 하든 아무도 신경쓰지 않는다면, 그렇게 우리가 마주치는 모든 사람이 "우리를 투명인간 취급"한다면, 오래지 않아 우리 내면에 일종의 분노와 무력한 절망감이 차오를 것이다. 그에 비한다면, 오히려 신체고문이 구원처럼 느껴질 수도 있다.[24]

말이 난 김에 덧붙이자면 사람들은 극도의 외로움으로부터 도피하기 위해 자해하기도 한다. 자살로 연결되지 않는 자해를 반복하는(자살할 의도 없이 가해지는 자해의 가장 일반적인 형태는 살갗을 베는 것이다) 환자들의 주된 동기는 바로 외로움 같은 부정적이고 고통스러운 정서적 상태로부터의 도피다. 몸속의 천연진통제를 방출시키고 정서적 고통으로부터 해방시켜준다는 점을 고려하면 어떤 면에서 자해는 "효과가 있다." 이 질환에 대한 심리치료의 주된 목표는 자해를 마인드컨트롤로 대체하는 것이다.

최근 발표된 한 연구는 무시당하는 것의 잔인함을 보여준다. 연구원들은 "파벌 고립"이라는 현상이 외로움과 우울증을 어떻게 악화시키는가에 관심이 있었다. 그들은 300명 이상의 어린아이들을 대상으로 각각 친구 네 명의 이름을 제시할 것을 요구했다. 이렇게 확보한 목록에 컴퓨터 프로그램을 사용, 파벌을 (서로를 친구로 거명한 친구들의 덩어리) 확인했고, 어느 파벌에도 포함되지 못한 채 "파벌 고립"을 겪는 아이들을 찾아냈다. 이 아이들을 집중적으로 조사하면서 연구진은 예상대로 파벌 고립이 외로움을 증폭시킨다는 것을 발견하고, 역으로 우울증 심화에도 큰 영향을 미친다는 사실을 밝혀냈다.

한편, 외로움은 우주비행사들에게도 우울증을 일으킨다. 브라이언 버로우Bryan Burrough는 저서 《잠자리Dragonfly》에서 러시아의 우주 정거장 미르Mir에 체류했던 한 미국인 우주비행사의 곤경을 기록하고 있다. 이 우주비행사의 세계는 러시아인 비행사 두 사람, 지상의 비행 관제 담당자와 항공 군의관 각 한 명으로 총 네 명의 남자로 구성돼 있었다. 비행을 시작하기 전부터 이미 악화됐던 관제 담당자, 군의관과의 관계는 러시아어 습득의 어려움과 더불어 그가 동료 비행사들과 끈끈한 유대를 형성하는 데 방해가 됐다. 그는 고립으로 인해 위축됐으며 외롭고, 침울해졌다. 그가 "여태껏 우주를 사랑하고 즐겨왔잖아. 그런데 왜 더 이상 우주를 사랑한다는 느낌이 안 드는 걸까?" 하고 자문하는 장면은 우울증의 기본 증상으로 쾌락과 기쁨을 느끼는 능력을 잃는 현상, 즉 쾌감상실을 보여준다. 같은 책에 나오는 또 다른 우주비행사는 "혼자라는 사실을 인지하지 못하는 상태" 유형을 대표한다. 그는 함께 탑승한 두 명의 러시아인 비행사와 지상의 동료 모두를 멀리했으며, 지상 관제 담당자와의 모든 음성 통신을 거부한 채 오로지 전자기기를 통한 접속만 허용하기에 이른다. 누군가가 그에게 외로운지 물었다면, 그는 아마도 "아니오."라고 대답했을 것이다. 혼자이지만 그 사실을 깨닫지 못하고 있었으므로.

연구자들은 외로움을 두고 "심장을 갉아먹는 내면의 벌레"라고 명명했다.[25] 실제로 외로움은 흡연, 비만, 고혈압과 더불어 질병과 죽음을 불러오는 위험한 요소 중 하나로 손꼽힌다.[26] 외로운 여성들은 임신했을 때 일반 여성들에 비해 심한 산고를 치르고 산후우울증을 경험하며 태어난 아기 또한 평균 수치에 비해 아프가Apgar(신생아의 건강 상태를 알아보기 위해서 시행하는 검사. ―옮긴이) 수치와 체중이 낮은 것으로 알려져 있다.[27]

외로운 성인들은 일반인과 같은 시간을 자도 숙면을 이루지 못한다.[28] 수줍음을 타는 사람들은 그렇지 않은 사람보다 우울장애를 일으킬 확률이 높은데, 주원인은 외로움인 듯하다.[29] 외로움은 면역기능 약화를 초래하기도 하며, 외로운 사람들의 소변에서는 스트레스 호르몬이 다량 검출되기도 한다.[30]

극심한 외로움(특히 사별 뒤의 외로움)은 심장기능에 변화를 가져오기도 한다.[31] 시드니 대학교의 연구원들은 최근 사랑하는 이와 사별한 80여 명과 그렇지 않은 사람들을 대상으로 조사를 진행했다. 그 결과 사별을 겪은 사람의 심장이 지나치게 빠르게 뛰는 사례가 훨씬 많았다.[32] 사별 그룹의 평균 심장박동이 분당 75회인 반면 그렇지 않은 그룹은 71회였다. 이 같은 심장박동의 변화는 그것만 놓고 보면 특별히 우려할 일은 아니지만 이미 약화된 전반적인 신체기능을 고려하면 문제가 될 확률이 높아진다. 사실 사랑하는 사람의 죽음 직후 몇 달은 심장마비와 뇌졸중 발생 위험도가 가장 높은 기간이기도 하다.

2010년 BBC는 "외로움으로 인해 암 발생률 및 암으로 인한 사망률이 높아진다는 주장에 힘을 실어줄 새로운 증거가 발견되었습니다."[33]라는 말로 관련 보도를 시작했다. 최근의 한 메타분석 결과는 외로움이 죽음에 끼치는 영향을 더욱 분명히 드러냈다.[34] 연구진에 따르면, "30만 8,849명을 대상으로 평균 7.5년을 조사한 결과, 적절한 사회적 관계를 맺고 있는 사람은 그렇지 않은 사람들에 비해 50퍼센트 넘는 생존율을 보이는 것으로 나타났다. 이는 금연에 맞먹는 효과이며, 사회적 관계 결핍은 비만, 운동부족과 같이 널리 알려진 사망 위험요인보다도 더 위험하다고 결론지을 수 있다."

## 외로움은 어디서 오는가

외로움은 사람을 망가뜨리고 극단적일 경우 죽음으로까지 몰아간다. 왜 남성들은 외로움에 더 쉽게 희생되는가? 외로움이 사람을 죽음으로 몰아가는 과정에는 대인적·심리적 그리고 유전적인 세 가지 기제가 복합적으로 엮여 있다.

대인적 기제를 이해하는 건 어렵지 않다. 외로운 사람은 타인의 도움과 조언을 받을 기회가 적기 때문이다. 심리적 기제 역시 "홀로 사는 미래" 그룹에서 외로움을 겪도록 조종된 참가자들이 과도한 위험부담을 떠안거나 시급한 일을 뒤로 미루는 등의 행동을 보인 사례로 파악할 수 있다. 이런 성향이 건강을 악화시키리라는 것은 쉽게 상상가능하다.

심리적 기제의 또 다른 측면은 타인과의 유대가 통상 우리의 자신감을 높여주며 특히 고난에 보다 효과적으로 대처할 수 있도록 만든다는 점이다. 말하자면 "많을수록 강하다." 효과인 셈인데, 이 사실을 뒷받침하는 연구결과가 있다. 연구진은 대학생들에게 꽤 무거운 배낭을 짊어지게 한 뒤 가파른 언덕 기슭으로 데려가 언덕의 경사가 얼마나 될지 추정하게 했다. 똑같은 무게와 경사의 언덕이었지만 경사 추정치는 사람에 따라 큰 차이를 보였다. 이유가 무엇일까?

관건은 곁에 "함께한 친구가 있었는가."였다. 홀로 언덕의 경사를 추정한 학생들은 상당히 힘겨워한 반면 친구와 함께한 학생들은 덜 힘들어했다. 그들 가운데서도 알고 지낸 지 오래된 사이일수록 눈앞의 언덕을 그다지 어려운 도전으로 느끼지 않았다. 똑같은 언덕에 똑같은 경사였지만 결과는 이렇게 달랐다.

대인적·심리적 기제 외에 외로움이 건강에 미치는 영향에는 매우 흥미롭게도 유전적 기제가 포함되는데 이것은 말단소립末端小粒의 길이와 관련 있다. 말단소립이란 염색체 끝에 있는 보호막으로, 신발 끈이 닳지 않게끔 붙여놓은 플라스틱 외장과 비슷하다. 섬유 조직이 약해지거나 찢어질수록 신발 끈이 닳는 것처럼 말단소립이 단축되면 염색체가 마모되고, 염색체와 그 안에 들어 있는 온갖 중요한 정보의 복제에 지장이 생긴다. "마모된" 정보는 잃어버린 것이나 마찬가지이기 때문이다. DNA의 정보 소실은 암을 비롯한 수많은 문제를 초래할 수 있다. 사회적 스트레스가 말단소립을 단축시킨다는 연구결과[35]는 "통합 학문 영역의 광대한 계곡을 가로지르는 도약"[36]이라는 찬사와 함께 커다란 호응을 불러일으켰다. 게다가 이 결과는 나이 들수록 악화되는 남성의 외로움을 이야기하는 데 있어 대단히 중요한 발견이다. 더불어 말단소립 단축현상은 사망의 예고편임이 밝혀지기도 했다.[37]

한편, 암 연구자들은 쥐를 대상으로 한 실험을 통해 사회적 고립이 암 발생과 관련된 유전자의 활성화에 영향을 미친다는 사실을 발견했다. 2009년 유전적으로 발암 확률이 엇비슷한 쥐들을 대상으로 한 연구를 보자. 쥐들은 다른 쥐들과의 사회적 교류가 가능한 보통 그룹과 사회적으로 고립된 그룹으로 나뉘었다. 모든 쥐들이 유전적·생물학적으로 비슷하다는 사실에도 불구하고, 두 그룹은 곧 현저한 차이를 드러냈다. 사회적으로 고립된 쥐들이 서로 어울려 지내는 쥐들보다 높은 발암률을 보인 것이다. 한 연구원은 "사회적 환경이 실제로 세포 배양의 생물학을 변화시킬 수도 있다."고 말했다. 사회적 환경의 영향은 발암이라는 형태가 되어 문자 그대로 이 쥐들의 "살갗을 파고든" 것이다(이 연구는 쥐를 대상으로 한 것이지만, 이 같은 연구를 실시한 이유가 해당 질병에 대한 동물 실험이 인간들의 질병을 해명하는 데 도움이 되기 때문임은 말할 필요도 없다).

어쩌면 외로움과 그 여파에 대한 이런 우려들이 다 기우일지도 모른다. 만약 남녀 모두 세월이 갈수록 덜 외로워진다면? 10년 전에는 없었던 소셜미디어라는 게 생겼으니 최소한 잘 접속된 네트워크를 가진 사회집단에서는 외로움이 감소할지도 모른다. 설령 이것이 사실이라 해도, 외로움은 여성보다 남성에게 더 치명적이며 나이가 들면서 더 악화되리라는 것, 그 결과 건강 문제까지 겪게 된다는 주장을 나는 고수할 것이다.

외로움은 감소하지 않는다. 오히려 그 반대다. 2010년 10월 〈AARP 매거진 AARP The Magazine〉의 설문조사 내용이 기사화됐다. "미국인들은 하루하루 더욱더 외로워지고 있다."로 시작된 이 기사는 "미국인들 사이의 만성적인 외로움이 충격적인 속도로 확산되고 있다."[38]고 확언했다. 45세 이상 3,000명을 대상으로 실시한 설문조사 결과, 표본의 35퍼센트가 만성적인 외로움에 시달리는 것으로 드러났다. 이보다 10년 전 실시한 비슷한 조사에서는 20퍼센트였다. 기사는 "외로운 50대의 비율은 지난 10년 사이 곱절로 늘어났으며, 60대의 경우는 50퍼센트가 늘었다."라고 끝맺고 있다. 이러한 추세는 앞으로 상당기간 지속될지 모른다. 영국 러프버러 대학교가 발표한 연구결과를 보면 다섯 가운데 한 명꼴의 학생들이 만성적인 외로움에 시달린다. 20퍼센트라는 수치가 그리 높게 여겨지지 않을 수도 있지만 이들이 새로운 교류와 인간관계가 넘쳐나는 환경 속 젊은이들이라는 점을 기억하자. 또한 다섯 가운데 한 명이 그저 약간이 아니라 만성적으로 외롭다는 점에 주목해야 한다. 다섯 가운데 하나라는 수치는 실제 수치보다 낮게 나온 것일 수도 있다. 최근 미국 내 320개의 교육기관을 대상으로 실시한 조사결과, 절반 이상의 학생들이 심각한 외로움을 느끼는 것으로 드러났다.[39] BBC가 조사결과를 보도하면서 사용한 표제 "페이스북 세대는 가장 외롭다."도 이를 반영한다. 호주의 금융서비스 회사인 오스트레일리언 유니티 Australian Unity가 집계, 발표하는 복지지수에 따르면 30퍼센트 이상의 호주인들이 외로움을 중대한 문제로 꼽았으며 특히 남성이 여성보다 더 외로운 것으로 나타났다.

그렇다면 이 문제에 해결책이 있을까? 노년의 남성들이 마주앉아 함께 울거나 그림을 그리는 그룹치료 같은 것? 나스카, 인디 500, 슈퍼볼을 관전하고 술을 총보다 훨씬 더 좋아하며(물론 총의 매력도 이해하지만), 한때 골프를 쳤지만 지금은 텔레비전으로 골프중계 보는 걸 더 즐기는 40대 남자인 나는 그룹치료에 대해서라면 "아니오."라고 대답할 것이다. 이 책의 종결부에 외로운 성을 위한 해결책들이 제시되지만, 그룹치료 같은 데 참여하는 일이 남성에게 얼마나 비현실적인지를 고려해 오로지 현실적인 방안만 포함시켰다. 과거 남성문제를 다루는 이들의 치명적인 결함 중 하나가 이론적으로는 효과적일지 모르나 현실적으로는 별반 효과를 거두지 못할 해결책들을 양산한 것이라 할 수 있다. 이는 문제 자체에 대한 이해 부족으로 인해 더욱 악화되었다. 젊은시절 친구관계를 소홀히 한 탓에 나이 들면서 더욱 외로워진다는 문제의 핵심은 배제된 채, 남성들은 각 방면에서 온갖 종류의 비난을 받고 있다.

나는 미국 남부 출신 남자이자 교수이며, 임상심리학자이자 내 아버지의 아들이기도 하다. 젊은시절 내 아버지 곁에는 가까운 친구들이 꽤 있었지만 어떤 이유에서인지 그 관계들은 시들해지거나 사라졌다. 내 대부와 대모는 아버지의 친구들이었는데 그들 가족과 우리 가족이 함께 모여 시간을 보낼 때 아버지가 즐거워하던 표정이 아직도 생생하다. 그러나 아버지는 그들과 연락을 끊었고 나는 아버지가 자살하기 전, 10여 년간 그들을 전혀 보지 못했으며(아버지는 20년 전에 돌아가셨다), 이제는 그들의 이름조차 기억나지 않는다. 아버지가 친구를 잃었다는 것 자체는 문제가 아니다(부분적으로는 그렇지만). 진짜 문제는 잃어버린 친구들을 다른 만남으로 대체하지 않았다는 데 있다. 그리고 나는 바로 그 점이 아버지를 죽였다고, 아니 정확하게는 아버지를 자살로 몰았다고 믿는다. 아버지의 검시 보고서에는 "남성. 56세. 자살 원인: 친구 없음."이라고 적혔어야 옳다.

내가 아는 사람 중에 80대까지 건강하게 살다 자연사한 남자가 있는데 그는 아버지와 전혀 달랐다. 그 남자 존은 말하자면 격렬한 삶을 사는 유형이면서도 호감형이었다. 추도식에서 그의 생전 습관에 대해 듣고 무척 놀랐다. 그는 매일 친구 한 명에게 전화를 걸어 몇 분간 통화를 했다고 한다. 새 친구를 사귀는 일과 오랜 친구를 유지하는 일에 노력을 기울였고 그것은 존에게 살아갈 힘을 주었다. 이 책의 종결부에서 제시하겠지만, 외로운 성에 대한 해결책은 그다지 복잡하지 않다. 예를 들면 하루에 한 사람에게 전화를 거는 일이다. 간단해서 믿을 만하고 실천할 만하다.

외로움은 무서운 살인자다. 특히 남성에게 치명적이지만 수많은 희생자들은 때가 너무 늦기 전까지 위험을 깨닫지 못한다. 남성들은 여러 면에서 나약한 응석받이로 살아가지만 그렇다고 삶이 행복하고 순탄한 것만은 아니다. 죽음, 질병, 부상에 있어서 남성들은 턱을 정통으로 얻어맞는 반면 여성들은 상대적으로 큰 상처 없이 지나간다.

남성들이 누리는 외부적인 권력과 성공과 부는 내면적인 외로움으로부터 파생되는 허약함과 대조를 이룬다. 친구들이 저절로 생기지 않는 시기부터 문제는 시작된다. 여성들이 이러한 전환에 잘 대처하는 건, 그들의 "외로움 감지기"가 남성들의 것보다 비교적 잘 조율되어 있기 때문이다. 남성들은 일반적으로 돈과 지위에 몰두하고 성취하지만 그 과정에서 친구관계를 소홀히 하기 때문에 결국 공허한 외로움만 떠안게 된다. 이러한 문제의 근원, 특징, 결과 그리고 다양한 치료법이 이 책의 주요 관심사다.

다음 장에서는 응석받이 남자들의 사고방식, 특히 멋진 사나이의 상징으로 신성화되었으나 그 내면을 살펴보면 상당히 위험한 "나를 건드리지 마" 식 태도들로 촉발되는 문제에 대해 알아보자.

2부

# 어디서부터
# 잘못되었을까

2장

# 철이 덜 든 응석받이

열네 살 된 아들에게 남자아이와 여자아이의 응석이 어떻게 다른지 물어보았다. 아들은 대꾸조차 하지 않았다. 내가 도대체 무슨 생각을 한 걸까?

나는 딸이 없지만 딸을 가진 친구는 많다(여동생에게도 둘이 있다). 상상해보건대 내가 만일 열네 살 소녀에게 똑같은 질문을 했다면 정확한 답변은 아닐지언정 적어도 다정하고 풍부한 답변을 얻었으리라 확신한다. 최근에 10대 딸을 둔 옛 친구 집을 방문한 일이 있는데, 나는 그 딸과 부모 사이에 일어나는 대화의 양 자체에 충격을 받았다. 대화의 양이 엄청난 나머지 내 머릿속에는 수도꼭지에서 똑똑 떨어지는 물과(내 아들) 강물(내 친구의 딸)이란 이미지가 떠올랐다. 그렇다고 시시한 잡담도 아니었다. 쉼 없는 대화는 온갖 주제를 망라해 이어졌는데 가령 남자아이와 여자아이의 차이 같은, 내 아들이 묵묵부답으로 일관했던 주제들도 포함되어 있었다.

이렇듯 남성의 과묵함은 여성의 수다스러움과 확연한 대조를 이룬다. 아니, 남성의 퉁명스러움 혹은 방어적 성향이라고 해야 더 정확할까? 남녀의 차이는 입 밖에 내는 단어 수에서도 극명하게 드러난다. 여성들은 말을 많이, 그것도 다양한 주제를 가지고 이야기를 한다. 이런 견해가 내가 남성이라는 점, 그로 인한 편견과 순진한 고정관념에서 비롯했다고 생각된다면 10대 청소년들이 부모로부터 비밀을 유지하는 방식을 조사한 네덜란드 연구진의 말을 들어보자.[1]

이 조사는 300명 이상의 사춘기 청소년을 대상으로(남녀 비율은 동일) 13세부터 16세 무렵까지 매년 한 번씩 설문을 실시하는 방법으로 이루어졌다. 조사가 진행될수록 남자아이들이 여자아이들에 비해 비밀이 많아졌다. 흥미롭게도 남자아이들 사이에서는 비밀을 갖는 정도가 부모와의 관계에 문제가 있는 정도와 정비례하지는 않았다. 따라서 남자아이들에게 비밀 유지는(적어도 부모와의 관계에서) 일상적인 일임이 밝혀졌다. 그렇다면 여자아이들은 어떨까? 그들은 전반적으로 부모와 더 많이 대화하고 비밀도 비교적 적은 것으로 나타났다. 또 비밀을 많이 가진 소녀들의 경우 부모와의 관계가 평탄치 않은 편이었다. 이 연구는 남자아이들의 과묵함이 두드러진 현상일 뿐 아니라 사춘기 동안 더 심화되어 전형적인 양상으로 자리잡는 현실을 보여주는 동시에 내 아들과 친구의 딸을 비교한 사례와도 정확히 일치한다.

이 결과가 네덜란드에 국한된 것일 수도 있다. 하지만 미국, 아르헨티나, 이탈리아의 청소년들을 대상으로 한 연구를 보면, 여자아이들이 남자아이들보다 어머니의 말에 더 반응하고 어머니와 함께 이런저런 활동을 하고자 하는 의욕도 높은 것으로 나타났다.[2]

이와는 아주 다른 연구 역시 같은 결론에 도달한다. 아이들은 누구나 트럭에서부터 친구, 인형, 스포츠, 책에 이르기까지 다양한 분야에 관심을 보이게 마련이지만 간혹 그 정도가 심한 경우가 있다. 유년기의 격렬한 관심사에 관한 한 연구보고서에는 어떤 남자 어린이의 독특한 취미를 다음과 같이 묘사한다. "2학년 초 빗자루에 관심이 생겨 바닥 쓰는 일에 흥미를 느꼈다. 이 호기심은 곧 청소용 솔로 옮겨가더니 이어서 헤어브러시, 그림붓, 칫솔 등 모든 종류의 솔로 일반화되었다. 아이의 부모가 이 같은 열정을 방임한 결과, 오래지 않아 집안의 방이란 방에는 칫솔들이 놓였고 아이는 언제 어디서나 칫솔 곁에 머물 수 있게 되었다."[3] 이 정도라면 단순한 취미를 넘어 강박이라고 할 만하다. 뿐만 아니라 이 같은 취미에서는 사람 간의 교류가 전적으로 배제된다는 중요한 의미가 있는데, 이에 대해서는 뒤에서 다시 다룰 예정이다.

지금까지 우리는 남자아이들 사이에서 발생하는 비밀갖기, 과묵함, 교류가 단절된 취미 등을 살펴보았다. 이것들은 남자아이가 여자아이에 비해 철이 덜 든 응석받이 태도를 유지하게끔 하는 요인들이다. 이 장에서 제시하려는 주장을 잠깐 소개하자면, 사교에 별다른 노력을 기울이지 않는데도 사람들이 반응해줄 경우, 사회적 교류는 날 때부터 저절로 제공되는 것이라는 메시지가 각인될 수도 있다. 간단히 표현하자면 대인관계에 있어 응석받이가 되기 쉽다는 것이다.

## 직진, 또 직진

남성들 전부 혹은 대다수가 세상에서 가장 비사교적인 사람들이라는 주장을 하려는 건 아니다(어떤 개인이 비사교적이라면 그가 남성일 확률이 높다는 뜻이긴 하다). 이런 맥락에서 다음 일화를 들어보자.[4] 장소는 학회 행사장이다. 그 분야 최고 학술지의 편집장이 인산인해인 학회장 안으로 들어온다. 이 편집장은 권위가 있고 따라서 그의 이야기를 들으려는 청중도 많을 수밖에 없다. 이 편집장 주변에는 수행원을 비롯해 항상 따르는 사람들이 많지만, 대인관계를 위한 개인적 노력의 결과는 아니다.

나는 아직 이 편집장이 남자인지 여자인지 밝히지 않았다. 그로부터 2년 후 같은 학회장으로 가보자. 문제의 편집장은 그 직위에서 내려온 상태이다. 심리학자 로이 바우마이스터Roy Baumeister가 남성 편집장들에 관해 한 말을 인용하자면 "이들은 편집장이라는 직위에서 내려온 후 한 손에 술잔을 든 채 어디 끼어들 대화 그룹이 없을까 기웃거리며 혼자 사교장을 헤매다닌다."[5] 학회지 편집장으로서의 현재 위치에 대한 개인적 불안은 제쳐두고, 그 편집장이 만일 여성이었다면 이야기가 조금은 달라졌으리라 생각한다. 퇴임 후 그녀 주변의 수행원들은 남성 편집장의 경우와 마찬가지로 사라질 것이다. 하지만 그녀가 칵테일파티에서 외로운 존재가 될까? 일반적으로 말하자면 그렇지 않다. 대인관계에 대한 지속적인 노력의 결과, 편집장이라는 직위와 무관한 사람들로도 주변이 채워졌을 것이기 때문이다.

목적 지향적인 유형은 응석받이가 되기 쉽다. 이들은 관계보다는 목적과 결과에 집중하는 편이며, 특히 여성에 비해 남성들이 그런 경향이 높기 때문에 관계를 당연시하는 실수를 저지른다. 이는 남성의 외로움과 그에 뒤따르는 모든 불행의 주원인이다.

다소 구태의연해 보일지 몰라도 내가 가장 좋아하는 미국식 표현 중에 "여기서는 그곳으로 갈 수 없다you can't get there from here."가 있다. 이 표현의 기원에 대해서는 여러 이견이 있다. 조지아 주에서 자라는 동안 많이 듣던 말이고, 또 미국 남부의 사고방식과 잘 맞기 때문에 나는 늘 그것이 궁핍한 남부에서 생겨난 말일 것이라고 추측했었다. 이 표현의 의미는 무엇보다도 A에서 B로 가는 직로가 없다는 것(아마도 산맥이나 강 같은 자연의 장벽 때문이었을지 모르겠다), 즉 유일한 길은 우회로뿐이라는 것이다. 먼저 A에서 C로 가고, 그런 후에야 C에서 B로 갈 수 있다는 뜻이다. 이 표현은 누군가가 잘못된 방향으로 가고 있다는 의미를 함축하기도 한다.

서둘러 거기에 도달하려고만 할 뿐, 어떻게 도달할지 따위에는 관심이 없는 목적 지향적 사람들로서는 이해할 수 없거나 혹은 일종의 좌절감을 느낄 것이다. 이 말 아래에 흐르는 가르침은 목적 지향성이 늘 최선은 아니라는 것, 속도를 늦춰 결과만이 아니라 과정에도 주의를 기울이고 작은 목표들을 위해 최종 목표를 잠시 뒤로 하는 편이 좋을 때도 있다는 것이다. 외연적으로는 "잠시 멈춰서서 장미 향기를 맡아라."와 같은 충고를 포함하지 않지만 확장해서 보면 분명 그러한 의미가 담겨 있다.

그러나 목적 지향성에도 장점은 확실히 있다. 이 특성은 우울증 발병을 막아주는 역할을 하기 때문이다. 실제로 여성의 목적 지향성은 남성보다 낮으며, (목적 지향성은 심리학을 통틀어 성차가 가장 명확히 나타나는 부분이다) 이로 인해 우울증 발병률이 남성보다 두 배 이상이다. 단, 여성의 경우 낮은 목적 지향성이 관계와 표현성 위주의 심적 경향을 촉진하도록 돕는다. 이러한 경향은 여성이 평생에 걸쳐 외로움을 경험할 확률을 낮춤으로써, 여러 심각한 결과들에 시달리지 않게 돕는다. 여성은 외로움을 덜 겪는 대신 우울증에 걸릴 확률이 높고, 남성의 경우 그 반대라는 의미다. 어찌 보면 파우스트의 거래가 남녀 양성에 존재하는 셈이다. 그렇다면 어느 쪽이 나을까?

외로움으로 인한 결과가 너무도 치명적이라는 점에서 나는 외로움을 덜 겪는 대신 우울증 발병률이 높은 쪽이 낫다고 생각한다. 물론 중증 우울장애는 참으로 무서운 질병이라는 점에서, 매우 위험한 발언이다. 우울장애는 비교적 흔한 만성질환이고, 극도로 고통스러우며 무력증을 동반할 뿐 아니라 때로는 죽음을 불러오기 때문이다(그중 자살이 가장 흔한 사유다).

그러나 외로움은 위에 나열한 모든 결과들을 뛰어넘을 확률이 높은 재앙이다. 지금까지 살펴보았듯 외로움은 정신건강은 말할 것도 없거니와 신체건강에도 악영향을 끼친다. 또한 무수한 사람을 죽음에 이르게 만드는 살인자다. 외로움은 우울증을 포함한 수많은 종류의 신체적·정신적 질환을 초래한다. 외로움의 참혹한 결과를 온전히 이해하려면 그것이 얼마나 널리 만연해 있는가를 숙고해보아야 한다. 다양한 연구결과들은 다섯 중 한 명이 만성 외로움에 시달린다는 공통적인 결론을 보여준다. 앞서 영국 러프버러 대학교의 연구에서 재학중인 학생들이 다섯 중 하나꼴로 만성적인 외로움을 겪는 것으로 조사됐다는 얘기를 했다. 대학에 다닐 만큼 특혜를 누리는 젊은이들도 이러할진대, 이 집단이 노화함에 따라 다섯 중 하나라는 비율이 넷 혹은 셋 중 하나로 증가할 가능성이 농후하다.

"유행병"이라는 표현이 다소 과장처럼 들릴 수 있지만 실제로 그렇게 주장하는 사람들이 있고, 이 시대를 "외로운 세기"라고 상징적으로 표현한 이들도 적잖다. 〈타임스 오브 런던 Times of London〉 지는 2010년 5월호에 "영국, 외로움이라는 유행병에 사로잡히다."라는 표제를 내걸었다.

이 모든 것을 놓고 볼 때, 그리고 남성이 압도적으로 많이 외로움을 경험한다는 점과 외로움이 여성보다는 남성들에게 훨씬 더 치명적이라는 점을 고려할 때(우울증에 걸릴 확률은 여성이 두 배 더 높음에도, 자살률은 남성이 네 배 더 높다는 사실), 외로움은 우울증 못지않게 치명적인 질병이라 결론지을 수 있다. 패치 애덤스 Patch Adams도 여기에 동의한다. 영화 〈패치 애덤스 Patch Adams〉에서 로빈 윌리엄스가 연기한 이 다채로운 성격의 의사는 "우울증은 외로움의 한 증상일 뿐 그 자체로 질병은 아니다. 외로움이야말로 질병이다."[6]라고 말했다. 이 말은 외로움이 얼마나 치명적인지를 효과적으로 반증한다.

목적 지향적인 성향은 일정 부분 우울증을 예방하는 데 도움을 주지만 결과적으로 많은 남성들에게 순손실純損失을 초래한다. 이러한 성향은 일을 완수하는 데는 최적이지만, 역으로 봤을 때 "응석받이" 또는 "나를 건드리지 마"와 같은 태도가 자라나는 온상이기도 하다. 자신을 지탱시켜줄 관계맺기는 도외시한 채 오로지 지위와 돈이라는 광휘만

응시하며 보낸 그 숱한 시간들을 생각해보라. "바보의 황금fool's gold(금으로 오인됐던 광물을 뜻함. —옮긴이)"은 아니었는가.

　과도하게 목적 지향적인 스킬라Scylla(그리스신화에 나오는 여자 괴물로 큰 바위에 살며 머리가 여섯, 발이 열두 개인 것으로 그려짐. —옮긴이)와 그 시종이라 할 외로움을 한쪽에, 그리고 지위와 돈에 이르는 길을 뿌리치는 카리브디스Charybdis(역시 그리스신화에 나오는 괴물로 배를 통째로 집어삼킬 만한 대식가로 묘사됨. —옮긴이)를 다른 한쪽에 둔 채 그 사이를 헤쳐갈 수도 있다. 중도를 향한 길이 필요하다. 물론 돈과 지위는 중요하다. 하지만 관계를 포기한 대가로서가 아니라 그것과 더불어 가야 한다. 《오디세이아Odyssey》에서 오디세우스는 비좁은 해협의 양편에 도사린 바다괴물 스킬라와 카리브디스 사이를 성공적으로 통과하지만 그에 따르는 대가를 치러야 했다. 그의 전략은 선원 몇 명을 잡아먹을 스킬라 쪽으로 항해하여, 배를 통째로 삼켜버릴 카리브디스를 피하는 것이었다(고대인들은 바다괴물이 삼키고 뱉어내는 엄청난 양의 물로 인해 배가 난파된다고 믿었다).

　오디세우스는 해협을 통과했지만 스킬라에게 여섯 명의 선원을 잃었다. 이 책에서 말하려는 핵심은 남성들도 지위, 돈, 사랑, 친구관계 그리고 외로움과 같은 것들의 갈등이 난무하는 협곡을 빠져나가야 한다는 것이다. 그러기 위해서는 오디세우스적인 접근이 필요하다. 영웅이 되어야 한다는 의미가 아니라(그래서 나쁠 것이야 없겠지만) 치밀한 사전계획, 그리고 장래와 대의를 위해 현재를 희생시킬 수 있는 의기라는 측면에서 그렇다. 오디세우스는 신화 속 영웅이었다. 이 책의 종결부에서는 신화적 영웅이 아닌 평범한 우리가 사전계획과 노력을 통해 지난한 심리적 항해를 통과하는 방법들을 살펴볼 예정이다.

정리하자면 일반적으로 남자아이들은 여자아이들에 비해 부모에게 비밀이 더 많은 편인데, 이는 사춘기를 지나며 좀더 심해진다. 남자아이는 여자아이에 비해 어머니와 대화하는 시간도, 함께하는 활동도 적다. 남자아이는 여자아이보다 목적 지향적이고 독립적이며, 이로 인해 응석받이 성향을 보인다.

마지막 장에서 논할 예정이지만, 성별에 따른 분류에는 문제의 소지가 있다. 당연히 모든 남성이 외로운 신세가 되지는 않으며 반대로 어떤 여성들은 외로운 처지에 놓일 수 있다. 그러나 이러한 접근법에는 부정할 수 없는 정당성이 있다. 왜냐하면 성별이란 것은 사회적 일반 행위에 대한 근본적인 결정소決定素이자 특히 외로움을 악화시키는 요인이기 때문이다.

그런가 하면 여성들은 사교에 있어서도 보다 효율적이다. 빅토리아 시대의 영국 사상가 존 러스킨John Ruskin은 여성이 남성보다 뛰어난 조직관리 기술을 지녔다는 점을 예로 들면서 여성의 우월성을 확신했다. 여성 독자들이 러스킨의 팬이 되기 전에, 그가 이 견해를 여성이 가정을 관리하는 것이 사회 조화에 이롭다는 주장을 펴는 데 사용했다는 점을 짚고 넘어가야겠다.[7] 존 스튜어트 밀John Stuart Mill은 러스킨의 견해에 반대하며 "이처럼 우월한 자가 열등한 자에게 복종해야 하는 지배질서가 자연스럽고도 적절한 것으로 간주되는 상황은 어디에서도 찾아볼 수 없다."[8]고 썼다. 물론 여기서 밀은 여성이 남성보다 뛰어난 조직관리 기술을 가졌다는 러스킨의 주장이 아니라 그러므로 여성이 가정을 관리해야 한다는 논리에 반대하고 있다. 달리 말하면 이 두 사람은 모두 여성이 보다 효율적이라는 결론에 동의한다.

효율적인 두뇌는 복잡한 사회생활에 필수적이다. 최근의 한 라디오 방송에서 현 인류가 네안데르탈인보다 오래 살아남은 이유 중 하나는 우리가 사회적으로 복잡한 두뇌를 갖고 있기 때문이라는 주장을 들은 적 있다.[9] 리처드 랭엄은 《요리본능》에서 이렇게 쓰고 있다. "더 큰 두뇌나 더 넓은 신피질을 가진 영장류들은 작은 두뇌를 가진 영장류에 비해 더 큰 집단을 이루어 살고 밀접한 사회관계를 더 많이 맺으며 그 같은 공동체를 더 효율적으로 활용한다."[10] 여성들이 더 사교적이라는 점, 그것도 남성보다 작은 두뇌를 갖고 있음에도 그렇다는 사실은 여성 두뇌의 높은 효율성을 입증한다.

여성들의 우월성은 다양한 측면에서 나타난다. 그들의 성공 원천은 친구관계를 유지하는 데 응석받이 태도가 없다는 점을 꼽을 수 있다. 2010년 10월, 한 100세 노인의(100세 이상 노인의 80퍼센트가 그러하듯 역시 여성이었다) 인터뷰 기사를 보면 노력을 통해 잘 관리된 사회관계에 대한 언급이 눈에 띈다.[11] 할머니는 장수 비결에 대한 질문에 "복 받은 것도 사실이지만 노력도 했답니다. 늘 명랑한 마음으로 뭔가 재미있는 일을 찾아야 해요. 삶을 대하는 태도가 중요하지요."라고 대답했다. 기사의 나머지는 그녀가 말한 노력과 태도가 무엇인지 보여준다. "사람들에게 친근하게 다가가기, 가족을 가까이하기, 새 친구를 사귀고 유지하기." 기사는 다음과 같이 밝힌다.

뉴잉글랜드 지역 100세 노인을 대상으로 한 보스턴 대학교의 연구결과가 말해주듯, 그녀는 친구가 많고 공동체와의 유대가 견실한 외향적 성격의 소유자다. 그녀는 젊어서부터 즐겨온 연극과 오페라를 여전히 열정적으로 감상한다. 사르디니아 섬의 100세 노인 연구에 따르면 그들은 활동적이고 다양한 사람들과 교류하며, 가족 및 친구와의 유대가 끈끈하다.

연구에 따르면 사회성의 중요한 성차는 테스토스테론을 비롯한 호르몬으로 인해 출생 전부터 이미 발생한다. 그렇다면 그 같은 성차가 출생 직전은 물론이고, 직후에도 확연히 나타나리라 예상할 수 있다. 당연히 남자 태아가 여자 태아에 비해 활동량이 많고 남자 유아들이 여자 유아들보다 까다로우리라 추측할 것이다. 비록 이런 차이가 생후 몇 주가 지나서야 나타나기는 하지만, 이 모든 추측이 옳다는 증거가 있다. 최근 출간된 한 책에는 "남자 아기들은 말썽을 더 많이 부린다. 그들은 여자 아기들보다 더 많이 소리를 지르고 울고 훨씬 소란스럽다."[12]라는 구절이 있다. 남자 아기는 일반적으로 여자 아기보다 활동량이 많은 편인데, 이 같은 차이는 생후 일년 무렵에 이미 명확해진다. 영국의 한 연구진은 208명의 어린 학생에게 나흘 동안(주중 이틀과 주말 이틀) 허리에 만보기를 차고 다니게 했다. 그 결과, 남자아이들이 여자아이들보다 매일 약 500보를 더 걷는 것으로 나타났다.

남자 아기들은 더 까다롭고 활동량도 많기 때문에 여자 아기보다 상당한 주의를 요구한다. 그런데 아기들의 요구는 웬만해서는 다 받아들여지게 마련이다. 종합해보면 남자아이들은 아주 어려서부터 응석받이가 될 가능성이 농후하고, 심지어 자기중심적인 태도가 형성되기에 알맞은 토양을 제공받는다는 의미이다. 따라서 남자아이들은 여자아이들보다 자기중심적 성향이 높고 이러한 차이는 성년기를 지나서까지 지속된다.

### "내가 제일 잘 나가!"라는 환상

남자가 여자보다 자기중심적이라는 증거는 굉장히 많다. 한 연구진은 약 3,500명을 대상으로 실시한 조사를 통해 남성이 여성에 비해 자아도취적이라고 결론지었다.[13] 그 자체만 놓고 보면 과거의 연구사례들과 비슷하지만 이 조사가 흥미로운 지점은 그와 같은 패턴이 일생 동안 지속되며(참가자들은 8세부터 83세까지 다양한 연령대였다), 세계 전역에서 동일하게 나타나는(참가자들은 남극을 제외한 모든 대륙에서 추출되었다) 경향임을 밝혀냈다는 것이다. 이에 앞서, 다른 사람들이 자신을 평가하는 것보다 스스로를 더 후하게 인식하는 이른바 "긍정적 환상"을 조사한 연구결과가 발표되기도 했다.[14] 신체적 매력과 지적 능력에 대한 환상을 각각 평가한 결과 둘 모두에서 남성이 여성에 비해 긍정적 환상을 더 많이 지닌 것으로 나타났다. 주로 남성이 여성보다 자아도취 성향이 높다는 사실을 재확인해준 것이다.

자아도취가 지나쳐 배려 결핍 등의 특성이 나타나면 정신질환으로 간주되기도 한다. 더 정확히 말해서 가장 "이기적인" 정신질환 두 가지는 자아도취성 인격장애와 반사회성 인격장애다. 자아도취성 인격장애는 과대한 권리의식과 유아독존적 사고를, 반사회성 인격장애는 무책임하고 법률을 무시하는 방종한 행동과 태도를 특징으로 한다. 흥미롭게도 곧 출간될《정신질환 진단 및 통계 편람》의 5판에서는 이 두 장애가 하나로 묶여 실릴 예정이다. 두 질환이 냉담하고 배려심 없고 자아도취적이라는 특징을 공유하기 때문이다. 이 둘이 분리되든 하나의 범주 아래 합쳐지든, 요점은 이러한 진단을 받는 환자들 중 남성의 수가 여성에 비해 매우 높다는 사실이다. 사실 그동안 내가 대면한 수백 명의 정신과 환자들 가운데 이러한 진단을 받은 여성을 떠올리기란 어려운 데 반해, 남성의 경우는 매우 쉽다.

## 저절로 주어지는 것들

남성과 여성의 차이는 뿌리 깊다. 2009년 발표된 보고서에 따르면, 남자아이들은 여자아이들보다 냉담하며 이와 같은 패턴은 3~4세 아이에게서도 확인된다.[15]

남성들은 초등학교 시절에 그랬듯 친구관계가 저절로 생기리라는 믿음에 (생각보다 훨씬 더) 강하게 사로잡힌 것 같다. 이런 현상은 남성들에게 주어지는 특혜를 누리며 이미 응석받이가 되었기 때문에 더 쉽게 일어난다. 하지만 남성들이 상대적으로 특별대우를 받지 못하는 학교가 하나 있다. 무엇인가를 얻으려면 열심히 노력해야만 하며, 불가피하게 찾아올 고난의 시기를 헤쳐나가기 위해서는 도움을 주고받을 친구가 필요하다는 진리를 가르쳐주는 곳, 바로 인생역정 학교다.

어느 발기부전 치료제 광고는 "당신이 지금 그 자리에 이르기까지 저절로 주어진 건 단 하나도 없습니다."라고 충고한다(이런 광고문구들이 의도치 않게 사람을 얼마나 웃기는지 보면 참 놀랍다). "지금 그 자리"는 발기부전에 시달리는 처지를 가리키는 것이라기보다 존경받을 만한 인생의 한 지점을 뜻한다. 이 문구에 숨은 의미는 여러 측면에서 영리하다. 우선 남성들에게 자신의 건강문제에 대한 책임을 독려하기 때문이다. 지금까지 보았듯 남성들은 이를 잘하는 편이 아니다. 한편 이 광고문구가 사실과 다른 측면은 남성이 여성에 비해 원하는 것들을 저절로 얻는 환경에서 살아왔다는 점이다.

코미디언 루이스 C.K.Louis C.K.는 바로 이 점을 색다른 각도에서 조명한다.[16] 그는 평소대로 사람에 따라서는 거북해 할 말을 거침없이 내뱉는 한편, 공감대를 유도하는 말투로 동성애자와 이성애자 남성 간 차이점에 대해 숙고했다. "동성애자 남자들은 일종의 용광로를 통과하지. (…) 그들은 그들 자신이 되기 위해 무언가를 거쳐야만 해. 맞아 터지고 배척당해. (…) 견디고 살아남았을 때 비로소 매우 자신감 넘치는 사람이 되어 나타나는 거야. 알을 깨고 나온다고나 할까. 이성애자 남자들은 결코 이런 과정을 거치지 않아. 아무도 '저런, 세상에! 너는 여자를 좋아하니?' 하고 묻지 않거든. 목숨을 걸고 그걸 방어해야 할 필요가 없어. 그래서 우리는 자신이 누군지 잘 몰라. (…) 우린 엉망이라고." 이 코미디언은 내가 남성 일반에 대해 제기하는 주장을 이성애자 남성들에게 던지고 있다. 남성들은 상대적으로 쉬운 길을 걷는다. 인생역정 학교에서는 시험을 거치지 않기 때문에 어려운 일이 닥치면 표시가 난다. "끔찍한 경험을 꿋꿋이 이겨내는 용기를 통해서만 우리는 인생의 높은 곳에 이를 수 있다." 내가 보기에 이런 주장은 루이스 C.K.가 언급한 것처럼 시험을 거친 사람만이 피력할 수 있을 듯하다.

위의 말을 한 사람은 극작가 테네시 윌리엄스Tennessee Williams였다. "사춘기를 지난 여성들에게서는 항상 모종의 아이러니가 느껴진다. 그녀들의 삶은 필연적으로 그 자신을 냉소적으로 만들어버린다."[17]라고 말한 H.L. 멩켄H.L. Mencken도 비슷한 생각을 지녔으리라고 믿는다.

이 같은 관점은 우리가 견디고 살아남게 한 모든 것은 우리를 더 강하게 해준다는 암시를 담고 있는데, 어느 정도 맞는 말이다. 최근에 겪은 부정적인 인생사에 대한 사람들의 반응을 조사한 연구결과가 있다.[18] 연구진은 사람에 따라 힘겨운 삶의 질곡에 맞서면서 성장하고 심지어 더욱 성숙해질 수 있다는 가능성에 특히 관심을 두었다. 실로 그런 사람들이 있었는가 하면 정반대 부류도 있었다. 이 두 그룹을 가르는 요소는 과거의 어려운 경험이었다. 예상대로 몹시 험난한 과거를 거친 사람들은 최근의 역경으로 더욱 지쳤고, 난관에 부딪힌 적이 전혀 없던 사람들도 매우 절망적으로 대응했다. 어려운 경험이 있었지만 과하지는 않았던, 중간지점 사람들만이 최근의 도전을 무난히 헤쳐나갔다. 근육의 지나친 긴장은 파열을 부르고 반대로 너무 사용하지 않으면 퇴화한다. 우리가 적당한 운동을 해줄 때 근육이 가장 건강한 것과 마찬가지로, 생의 스트레스를 제어하는 심리적 능력 또한 과거의 역경이 지나치게 심하면 압도당할 수 있고, 지나치게 없으면 성숙하지 못한다.

마치 골디락스(로버트 사우디Robert Southy가 쓴 영국 동화 《골디락스와 곰 세 마리Goldilocks and the Three Bears》의 주인공 소녀. —옮긴이) 앞에 놓인 세 그릇 수프처럼 도전이 너무 없거나 지나치게 많거나 적당한, 세 가지 가능성 앞에서 남성과 여성은 동일하게 분류되지 않는다. 정확히 말하자면 대다수 남성들이 "역경이 너무 없음" 그룹에 속하고, 그런 이유에서 여성에 비해 사회적 퇴화를 더 경험한다.

모든 유의미한 관계들이 그러하듯 친구관계는 시작은 물론이고, 이어가는 과정에서도 노력이 필요하다. 초등학교 같은 조건이 아닌 바에야, 수동적인 응석받이 식 접근으로는 친구를 잃는 필연적인 결과를 초래한다. 그 과정은 느리게 진행된다. 사춘기나 대학시절에 사귀었던 친구들로 얼마간 버틸 수 있기 때문이다. 더디게 진행되는 속성상 상실 현상은 쉬이 드러나지 않는다. 그러다 50대쯤에 이르면 많은 남성들의 사회관계 네트워크에 발생한 침식이 확연히 드러난다. 심지어 이르면 20대 후반이나 30대에 확인되기도 한다.

이 과정은 점차적으로 진행되기 때문에 방심하다가 큰 타격을 입을 수 있다. 남성들이 응석받이로 살아가기를 원해서라거나, 중년기 이후를 고독하게 보내고 싶어서 그런 것은 아니다. 그보다는 그들의 인지 범위 밖에서 무엇인가 천천히 형성되고 진행되는데, 느린 속도에도 불구하고 여러 해 동안 쌓이고 쌓여 어느 틈엔가 압도적인 파괴력을 행사하는 것이다. 하루에 몇 인치 혹은 몇십 센티미터씩 침식해 들어온 빙하에 온 마을이 천천히, 그러나 완전히 무너지는 것처럼.

소설가 무라카미 하루키Haruki Murakami는 《달리기를 말할 때 내가 하고 싶은 이야기What I Talk About When I Talk About Running》라는 에세이에서 이 과정을 다음과 같이 묘사했다. "나는 때로는 적극적으로 고독을 찾는다. 나와 같은 일에 종사하는 사람에게 고독이란 얼마쯤은 불가피한 환경이다." 여기까지만 보면 작가가 홀로 지내는 삶의 미덕을 찬미하는 것처럼 읽힐 수 있다. 그러나 그는 "하지만 때에 따라서는 마치 산(酸)이 병 밖으로 넘쳐흐르듯 고립감은 사람의 마음을 침식한 끝에 녹여버릴 수도 있다. 어찌 보면 양날의 칼과도 같다. 고독은 나를 보호해주는 한편 끊임없이 베어낸다."라고 말을 이었다. 고독이 가진 매혹과 궁극적인 위험에 대한 섬세한 이해를 드러낸 대목이다.

최근 한 잡지의 상담코너에 투고한 40대 여성의 칼럼 제목은 "남자들은 지독한 응석받이인가?"였다.[19] 다음은 투고자의 글 중 일부다.

내 또래 남자들은 비교적 모든 걸 쉽게 얻을 수 있었다. 이 남자들은 전업주부 엄마 밑에서 자랐다. 청년으로 성장했을 때 여성들은 보다 독립적으로 변모했다. 섹스가 더 이상 사악한 행위가 아니고 결혼은 선택이었으며 동거가 자연스런 현상이었다. 게다가 에이즈도 발발하기 전이었다. 남자들은 좋은 직업과 독립은 물론 (여성들과의) 관계까지 덤으로 얻었다.

미국 남성들에 대한 이 투고자의 의견은 시어도어 댈림플Theodore Dalrymple이 사뭇 대조적인 맥락에서 조망했던 독특한 견해를 연상시킨다. 댈림플은 정략결혼한 젊은 회교도들에 관해 "이런 환경의 젊은 여성들은 불리한 여건에도 불구하고 모든 면에서 배우자인 남성보다 우월하다. 만일 남성(남편)들의 권위의식에 일말의 노블레스 오블리주noblesse oblige 정신이라도 깃들어 있다면 여성들은 그 상황을 다소 참을 만했을 것이다.[20] 하지만 그런 정신의 흔적조차 찾을 수 없는 정반대의 불리한 환경에서 나고 자랐음에도 여성들은 매우 뛰어난 화술과 지성을 지녔으며 남성들과는 딴판으로 매력적이다."라고 쓰고 있다.

나는 그가 "불구하고" 대신 "때문에"라고 쓰고 싶은 유혹에 굴복했어야 한다고 생각한다. 도전이 없다면 기술은 연마되지 않고 면역체계는 활성화되지 않는다. 근육이 자라지도 않거니와 뼈도 굳지 않는다. 이 원칙은 전쟁으로 인한 참화와 같은 재난상황에도 적용할 수 있다. 가령 제2차 세계대전이 유럽에 남긴 비극적인 참상에 대해서는 논란의 여지가 없다. 하지만 전쟁이 여러 산업의 부흥을 가져온 것도 사실이다. 전쟁이 산업과 경제에 미친 영향을 전쟁 전과 후로 나누어 살펴볼 수 있는 사례를 하나만 들면, "영국, 소련, 프랑스, 이탈리아, 독일은 (일본과 미국도 마찬가지로) 모두 전쟁 직후에 더 많은 양의 기계장비를 보유하게 되었다."[21] 여타 산업부문에서도 동일한 결과가 나타났고 이는 부분적으로나마 1950년대 경제부흥의 초석을 이루었다.

그렇다고 전쟁을 긍정적으로 평가해서는 곤란하다. 마찬가지로 여성들이 일상적으로 경험하는 불이익은 당연히 부당하다. 그럼에도 진정한 힘, 다시 말해 신체적·심리적 그리고 내가 이 책을 통해 강조하는 사회적 힘은 고난을 통하지 않고서는 성취되지 않으며, 혹독한 시련은 부당할지언정 궁극적으로 도움이 된다.

한편 노블레스 오블리주 정신이 권위의식을 참을 만하게 해줄 수 있다는 견해는 어떤가? 사실 노골적인 권위의식은 참아내기가 쉽지 않다. 나는 대학교수가 지니는 본연의 역할은 신성하다고 보지만, 속된 동기를 충족하는 데 그 권위를 이용하는 교수가 많다는 사실 역시 안다. 또한 나는 스스로를 높게 평가하는 사람들과 접촉할 기회가 많다. 관건은 그들의 자기만족적 태도가 다른 사람들과도 널리 공유되는지 여부다. 즉 지속적으로 이룬 실체적 공적과 성취의 실재가 중요하다는 의미다. 만일 그렇다면 그들의 자기 평가는 때때로 짜증스럽긴 할지언정 (훌륭한 업적을 생각할 때) 다소 귀엽고 이해할 만한 괴벽怪癖 정도로 받아들일 수 있다. 그러나 자아도취적 태도가 일정한 공적도 없이 팽배한 것이라면, 그들의 사회적 환경에 문제가 발생한다. 이런 교수들은 대체로 인기가 없고, 저조한 수업실적, 혹은 명시되지 않았으나 그들로부터 짜증과 불쾌감을 느껴온 동료들의 영향으로 파면당할 수 있다.

### • 자존감 대 자존심

이는 광범위한 문화적 난제를 드러낸 특정한 사례에 불과하다. 현시대가 처한 문화적 난제는 바로 막연한 자존감self-esteem(이 책에서는 상대적으로 "나는 원하는 것은 무엇이든 할 수 있어." 또는 "나는 언제나 존중받아야 해."와 같은 태도를 가리킴. —옮긴이)이 진정한 자존심self-respect(이 책에서는 상대적으로 "내가 현실적인 목표를 세우고 열심히 노력하면 꿈을 이룰 가능성이 점점 높아질 거야." 또는 "나는 내가 다른 사람들에게 하듯 존중받기를 기대하지만 설사 그렇지 않다 해도 요구할 권리는 없을 뿐더러, 내가 그런 대접을 받을 자격이 없다는 뜻은 아니야."와 같은 태도를 가리킴. —옮긴이)의 토대인 실제 업적을 깔아뭉개는 도착倒錯 현상을 말한다. 어느 작가는 공립학교에서 학생들을 가르친 경험을 토대로 이런 글을 썼다. "학생들의 자존감을 함양한다는 핑계로 그들을 완전한 실패로 한심하게 표류하도록 만들면서 한 학년씩 무사히 진급시킨다. 마침내 학생들은 제대로 된 가르침을 받지도 못한 채 너무도 안이해진 세계로 들어선다. 학교가 그들에게 가르쳐야 했던 것은 실패가 삶의 일부라는 사실이었다." 1968년에 이 글을 쓴 작가에게 찬사를 보내고 싶다.

그로부터 40년도 더 지난 어느 날이었다. 내가 아들 녀석에게 성적이 객관적으로 "보잘것없다."라는 옳은 사실을 지적하자 아들은 "그런 식의 비난은 도움이 되지 않아요."라고 대꾸했다. 나는 "너를 비난하는 게 아니라 기본적인 수준은 유지해달고 부탁하는 거란다. 그건 다른 문제지."라고 말했다. 나는 아이의 첫 반응이 "비난" 쪽으로 향했다는 사실에 실망했지만, 이후 기본적인 수준은 유지해달라는 내 뜻이 제대로 받아들여진 듯해 기분이 나아졌.

나는 21세기에 태어난 어린 자녀들과의 관계에서 이와 비슷한 경험을 한 많은 부모들과 대화를 나누었다. 이런 문제가 생기는 주된 요인으로는 모든 사람이 높은 자존감을 가질 자격이 있다는 문화적 관념을 들 수 있다. 심리학자들은 자존감과 그 영향에 대한 포괄적인 검토를 통해 고양된 자존감이 성적 향상이나 행동 개선으로 이어진다는 증거를 탐색했지만 허사였다. 오히려 자존감의 어두운 이면이 가장 확실히 드러났는데, 정확히 말하자면 지나친 자존감은 공격성 및 폭력과 연관돼 있었다.[22] 이와 비슷한 맥락에서 시어도어 댈림플의 《두 번째 소견 Second Opinion》에 나오는 대목 하나를 살펴보자.

자존감은 예를 들면 대부분의 범죄자들도 지닌 혐오스럽기 짝이 없는 것이다. 자존심은 규율과 책임이 따르는 반면 자존감은 아무런 실체 없이 허세만 남은 일종의 유아적인 태도에 지나지 않는다. (…) 나는 자존감 부족을 호소하는 환자들에게 그들이 적어도 자신이 무가치하다는 사실만큼은 깨

달았다고 말해주는데, 그러면 환자들은 화를 내기보다는 웃음을 터뜨리며 안도의 한숨을 내쉬곤 한다.²³

노블레스 오블리주에 대한 앞의 언급은 부유층이나 특권층의 의무에 관한 것이라기보다 자기애自己愛를 정당화할 필요에 관한 것이다. 책임과 의무 없는 자기애란 해롭기 그지없는 데 반해 책임과 의무로 정당화되는 자기애는 딱히 긍정적이라고 할 수는 없어도 참아줄 만하다. 지인들 중 노력이나 대가를 치르지 않은 채 그저 특별대우를 요구하는 사람들을 헤아려보면 십중팔구 남성일 것이다. 남성은 여성보다 대체적으로 더 응석받이다. 그런 태도는 단기적으로는 혜택을 가져다줄지 모르지만 장기적으로 유지되기는 힘들다.

## ● 아내 없이는 못 살게 된 남자

남성들은 대기권의 산소량에 대해 고민할 필요가 없는 것처럼 친구관계 따위도 걱정할 필요가 없다는 착각을 하고 산다. 하지만 저절로 이어지는 줄 알았던 친구관계는 점점 약해지고, 그 사실을 제때 파악하지 못하면서 그렇잖아도 심각한 문제는 무섭게 악화된다. 그리하여 종국에는 자신뿐만 아니라 그들을 아끼는 사람들에게까지 불행한 결과를 초래한다.

어떤 면에서 결혼이 이 과정의 숨은 공범이라고 할 수 있다. 나는 한쪽이 부부의 사교생활을 완전히 책임지다시피 하는 커플들을 몇 알고 있다. 한 사람이 초대, 저녁식사, 파티 등을 모두 알아서 처리하고 다른 사람은 그저 얼굴만 내미는 식이다. 이런 경우의 절대다수는 여성이 부부의 사교일정을 처리한다. 어느 학자는 남성과 여성의 중요한 차이점에 관해 이렇게 썼다. "일단 결혼을 하고 나면 남성들은 (…) 자신의 정서적 욕구를 뒷전으로 밀어놓거나 주변 여성들이 충족시켜주기를 기대하면서 나이 들어간다. 노년 남성의 외로움이 그렇게 시작되며 (…) 이것은 극도의 고독으로 치달을 수도 있다."[24]

최근 몇몇 친구들과 함께 블루스의 거장 B.B. 킹의 콘서트를 즐겼다. 킹은 85세지만 아직도 자신의 기타 "루실"을 신의 경지로 연주한다. 콘서트는 블루스 연주 반 농담이 섞인 담화 반으로 진행되었는데, 킹이 들려준 이야기의 대부분은 외로움과 여성 찬가였다. 킹은 세계적인 명성을 지닌 음악인으로 자신을 존경하는 사람들에 둘러싸여 지낸다. 하지만 85세 독신남인 그는 불현듯 엄습하는 외로움을 잘 알고 있는 듯했다.

킹과 달리 결혼을 했더라도 아내와 친밀한 관계를 유지하는 것만으로는 남성의 건강을 지키기에 역부족일 확률이 높다. 자살한 한 남자의 삶과 죽음에 관한 보고서에는 "그는 스스로를 고립시켰으며 아내가 혼자 외출하는 것조차 싫어했다."라는 구절이 있다. 이 남자는 다른 모든 관계들이 시들어가는 와중에 아내 곁을 맴돌며 살았지만, 그것만으로는 생을 유지할 수 없었던 것이다.

배우자 등 단 한 사람에게 집착하기보다는 다양한 친구관계가 건강에 더 긍정적인 영향을 끼친다는 연구결과도 있다. 일례로 스웨덴 중년 남성들에 관한 조사는 한 사람에 대한 강한 집착이 심장마비 등에 아무런 예방효과가 없음을 보여주었다. 반면 다수의 친구관계는 달랐다. 친구들로 인한 예방효과는 금연만큼이나 강력하다는 사실이 조사를 통해 드러난 것이다. 최근 발표된 한 기사는 다음과 같이 말한다.

> 현재 당신의 영원한 절친BFF: Best Friend Forever(소셜미디어 등에서 젊은층에 의해 많이 사용되는 표현. —옮긴이)은 미혼이거나 이혼하지 않았다면 배우자일 확률이 높다. 단, 배우자와 친구는 서로 다른 욕구를 충족시켜준다는 점, 부부관계 외의 긴밀한 친구관계 배양을 통해 가정에서 받는 스트레스를 일부 해소할 수도 있다는 점을 알 필요가 있다. 그럼에도 내가 아는 기혼남들은 정서적 유대관계에 있어 지나치게 아내에게 의존하는 듯하다. 정작 그녀들은 배우자가 아니더라도 친구들과 유쾌한 관계를 유지하는데 말이다.[25]

성인 남성들이 "유달리 아내에게 의존"하는 까닭은 무엇일까? 해답은 이 장에서 다룬 내용을 종합해볼 때 대인관계에 대한 응석받이 식 태도가 불러오는 퇴화기능과 관련 있다. 관계는 노력을 요구한다. 응석받이가 되었기 때문이든 다음 장에서 다룰 내용과 같이 지나친 독립욕구 때문이든 이 경고를 무시하면 괴로운 결과가 뒤따른다.

3장

## 나를 건드리지 마

개즈던 기Gadsden flag(미국 독립전쟁 당시 군기로 사용되던 깃발. 노란 바탕에 방울뱀이 똬리를 튼 형상과 함께, DON'T TREAD ON ME라는 글자가 새겨져 있다. —옮긴이)에 그려진 방울뱀을 생각해보자. 이 파충류는 사람들이 친밀감을 느끼는 동물은 아니다. 꼬리의 방울은 사람을 비롯해 위험한 적들이 다가오지 못하도록 하는 장치이다. 그런데 흥미롭게도 이 방울은 늙은 뱀들만 지녔다고 한다. 방울이 생기기까지 오랜 시간이 소요된다는 뜻이다. 나이가 들면서 위험요소 예방장치와 관련된 과정에 속도가 붙는 것은 남성들이나 방울뱀이나 매한가지다. 방울의 경고신호가 실패하면 상대를 물어뜯어 독을 퍼뜨린다. 방울뱀은 인간의 눈으로 추적할 수 없을 만큼 빠른 속도로 목표물을 물고, 혈류를 타고 흐르는 독은 내장과 신경 및 근육조직을 파괴하여 사망에 이르게 할 수 있다.

이 미국의 상징을 고안한 사람들은 누굴까? 그야 당연히 남성들이다. 이 사실은 한편으로는 치열한 독립정신을, 다른 한편으로는 외로움이라는 어두운 이면을 함께 설명해준다. 매혹은 개즈던 기가 표상하는 이미지로 구체화된다. "우리는 자급자족하는 생명체이고 공존할 준비가 되어 있지만, 경고하건대 네가 우리를 침범하는 순간 맹렬히 공격할 것이다. 그러니, 우리를 짓밟지 마라."

자급자족과 폭력을 통한 방어의 조화는 주변부 문화를 포함한 미국 문화 전반에 여러 가지 형태로 나타난다. 가령 미국 내에는 연방정부의 힘을 최소화해야만 자유를 보장받는다고 일관되게 외치는 극단적 정치집단들이 아주 많다. 자치에 대한 격렬한 집착은 건국 문서에서도 발견될 만큼 미국인의 성격에 확실히 자리하고 있다고 해야 옳다. 미국 헌법 수정조항 제2조는 2008년 대법원이 해석한 바에 따르면 개인이 무기를 휴대할 권리("잘 규율된 민병대"의 무기 휴대 권리와 구별되는 의미에서의)를 인정한다. 이 2008년의 결정은 이기적 자기방어의 권리를 강조한 것이다.

나 역시 자기방어와 이기심을 포기하자고 주장할 생각은 전혀 없다. 오히려 20세기 역사를 기술한 책들에서 '이기심 포기'가 불러온 몇몇 비극을 읽었고, 앞으로도 그것은 재앙의 씨앗이 되기 쉽다고 보는 편이다. 단, 자치 및 이기심에 대한 욕구와 유대 및 공존에 대한 욕구 사이의 균형을 잘 맞춰야 한다고 생각한다. 마틴 루터 킹Martin Luther King Jr. 목사도 이 같은 균형을 강조해서, "선하고 공정한 사회는 (…) 개인주의와 집단주의가 융화하는 사회적 민주주의다."[1]라고 말한 바 있다.

이 균형을 유지하는 일은 여성보다 남성들에게 문제가 된다. 그들은 길을 묻기 싫어한다는(혹은 묻지 못하는) 상투적이고도 적확한 이미지가 말해주듯 자주 집단과 개인 간 균형을 위태롭게 한다. 러드야드 키플링Rudyard Kipling은 "당신의 모든 것이 자신감을 잃더라도 당황하지 않을 것"이라는 시구로 이를 표현했다. 또한 소설가 마이클 셰이본 Michael Chabon 역시 《아마추어들을 위한 남자다움 Manhood for Amateurs》에서 다음과 같이 말한다. "남자가 되는 데 있어 필수요소란 바로 주변의 모든 사람들에게 휘황찬란한 헛소리 세례를 퍼붓는 것이다. 그리고 그 헛소리의 가장 강렬한 원천이자 대상은 다른 무엇도 아닌 당신 자신이다. 가령 지금 막 보트를 절벽 아래로 저어 내려갔다손 쳐도 만사가 순조롭게 진행되는 양 행동해야 한다."[2]

"다 순조롭게 진행 중이야."라는 말에는 좋은 구석이 있다. 난관을 앞둔 팀의 일원이 되어본 사람이라면 긍정적인 신념이 필수임을 잘 알 것이다. "우리는 할 수 있어. 모든 게 순조롭게 진행 중이야."라고 말할 뿐만 아니라 그렇게 믿는 사람이 팀에는 꼭 필요하다. 그러나 이러한 태도의 문제는 막대한 힘이 필요하고, 그 에너지는 무한정 지속되지 않는다는 점이다. 한동안 무난하게 유지되던 상황이 통제력을 잃게 될 때, 모든 중대한 변화가 그러하듯 본질적인 어려움에 직면한다.

안정된 자아관은 예측 가능하고 평탄한 사교생활을 하는 데 중요한 심리적 기능을 수행한다. 따라서 사람들이 자아관의 변화에 저항하는 것은 당연한 이치다. 사실 이 저항감에 대한 방대한 연구문헌이 자기확증 이론이라는 분류 아래 따로 존재하기도 한다. 자기확증 이론은 자존감의 높고 낮음에 상관없이 모든 사람이 동일한 현상을 보인다고 주장하는 점에서 대단히 흥미롭다.

이는 선뜻 믿기 힘들 정도로 놀라운 주장이다. 그렇다면 다음 실험을 예로 들어보자. 수백 명의 대학생들에게 자존감에 관한 설문지가 주어졌다. 설문결과에 따라 수십 명은 높은 자존감 그룹과 낮은 자존감 그룹으로 나뉘었다. 이들은 직장 면접에 관한 실험으로 알고 한 사람씩 세 개의 닫힌 문 중 하나를 골라 들어갔다. 첫 번째 문 뒤에는 칭찬하기 좋아하는 낙관적인 면접관, 두 번째 문 뒤에는 본 바를 솔직하게 말하는 공정한 면접관, 세 번째 문 뒤에는 비판이 많은 부정적인 면접관이 자리한다고 소개됐다. 사실 문 뒤에 면접관은 없었다. 조사는 다만 참가자들이 어떤 문을 고르는지, 자존감이 그 선택에 어떤 영향을 미치는지를 알아내고자 한 것이었다.

높은 자존감을 지닌 학생들의 절대다수는 긍정적인 면접관을 주저 없이 선택했다. 실제로 이런 종류의 조사에서 높은 자존감을 가진 참가자들이 긍정적인 면접관을 선택할 확률은 90퍼센트가 넘는다. 주목해야 할 점은 이런 결과가 예상된 것이고 직관적일 뿐만 아니라(참가자들 본인의 "어떻게 다른 선택을 해?"와 같은 태도에서도 확실히 드러난다), 높은 자존감을 지닌 참가자들은 자신의 긍정적인 자아관을 확증해줄 경험을 선택한다는 자기확증 이론과도 일치한다는 사실이다.

한편 낮은 자존감을 지닌 학생들은 그 반대 결과를 보였다. 세 가지 선택 앞에서 놀랍도록 많은 수가 부정적이고 비판적인 면접관이 기다리는 문을 선택했다. 낮은 자존감을 지닌 참가자들이 무감각한 것은 아니다. 그들은 낮은 자존감뿐 아니라 낙담, 억압감, 의기소침 등과 그에 수반되는 감정들을 느낀다. 따라서 그들에게는 긍정적인 면접관이 제공해줄 사기진작이 더 필요할 수도 있다. 그럼에도 부정적인 면접관을 선택한다는 사실은 유쾌한 기분에의 욕망보다 자기확증 욕구가 더욱 강력하다는 것을 뜻한다.

왜 그런 선택을 했느냐는 질문에 비판적인 면접관을 선택한 낮은 자존감의 참가자들은 "그냥 저를 좀더 잘 이해해줄 것 같은 느낌이 들었어요." 또는 "서로 더 잘 어울릴 것 같은 느낌이 들었어요."와 같은 답변을 내놓았다.

참으로 가슴 아픈 대답이 아닐 수 없다. 나는 우울증 환자의 심리치료 초기 단계에서 이런 말들을 수없이 들어왔다. 다음은 그 환자 중 한 명과 내가 나눈 대화다.

**환자** 나는 어릴 때부터 나쁜 짓을 했어요. 한 번도 좋은 사람이었던 적이 없고요. 내게 장점이라곤 하나도 없어요.
**상담의** 음…. (그럴 리는 없다는 표정)
**환자** 사실이에요. 정말이라고요.
**상담의** 나로서는 잘 이해가 안 되는데요.
**환자** 사람들은 내가 좋은 사람이라고 생각 안 해요. 참을성이 아주 많은 사람들만이 나를 좋아하죠.
**상담의** 저는 아직도 모르겠어요.
**환자** 뭐, 곧 알게 될 거예요. 그런데요, 내 기분을 북돋워주려고 할 필요는 없어요. 그냥 정직하게 대해주면 좋겠어요.

이 대화에는 몇 가지 주목할 점이 있다. 우선 이 대화에서 드러나는 내용은 우울증 환자의 전형적인 심리상태다. 이 질환을 직접 겪거나 곁에서 목도한 사람들이라면 이런 대화가 익숙하게 느껴질 것이다.

둘째, 자기가 느끼는 모습대로 상대가 자기를 보아주기를 원하는 환자의 고집에서 자기확증 이론이 확인된다. 이 환자의 모습에서는 어떤 절박함마저 엿보인다. 셋째, 상담의인 나의 상대적인 침묵이다. 나는 심리치료사로서 중립을 지키기 위해 의도적으로 말을 아꼈다. 환자 자신이 나쁜 사람이었으며 현재도 마찬가지라고 말하는 데 동의하고 싶지 않았다. 그렇다고 초기 치료단계에서부터 환자의 말을 부정함으로써 자기확증 욕구를 억제하고 싶지도 않았다. 자기확증 욕구가 좌절될 경우, 환자는 자신의 부정적인 자아관을 방어하게 되고 결과적으로는 그것을 더욱 구체화할 가능성이 있기 때문이다. 마지막으로 "뭐, 곧 알게 될 거예요."라는 환자의 마지막 대꾸에 주목하자. 이 표현에는 공격적인 의도가 감춰진 것처럼 느껴지기도 한다. 그리고 정신분석학 계열의 사람들은 여기에 동의할지 모른다. 최소한 그 한 유파는 우울증을 근본적으로 타인에 대한 분노로 간주한다. 프로이트Sigmund Freud의 1917년 저서를 보면, 우울증 환자들을 다음과 같이 규정한다. "자기자신에 대한 그들의 경멸적 발언들은 실은 다른 사람을 향한 것이다. (…) 그들은 온갖 말썽을 일으킨다."[3]

나는 동의하지 않는다. 이 표현에 명백히 결여된 공감은 차치하더라도(이 사실은 정신분석학 문헌을 보면 어렵지 않게 확인되는데, 프로이트는 작품 속에서 정신분열증 환자들에 대한 혐오감을 표출하기도 한다), 우울증 환자들이 왜 그처럼 고집스럽다 못해 호전적인 태도로 자신의 결함을 주장하는지 설명해주는 대안이 있기 때문이다. 그것은 바로 자기확증에 대한 욕구다. 좀 완곡하게 표현하자면, 정신분석학적 설명보다는 자기확증 이론이 과학적으로도 더 광범위한 지지를 받는 상황이다. 그리고 위에 소개한 대화 속의 우울증 환자는 질환을 앓는 동안이든 회복한 후(결국 회복했다)이든 다른 사람에게 함부로 화를 내는 편이 아니었다.

자기확증 이론에 따르면 자기 확인을 위한 사람들의 노력에도 같은 동기가 존재한다. 사람들은 안정된 자아관념(설사 부정적인 것이라도)을 선호하는데, 광활한 세상과 반대되는 통제감, 일관성, 예측가능성을 안정감으로부터 얻을 수 있기 때문이다. 우리의 신경체계는 이런 것들을 자발적으로 욕망하도록 설계되어 있는 것 같다. 자기확증 이론가들은 이 안정된 연속성에 대한 감각을 "인식적 안정감"이라고 명명했는데, "지각된 낯익음이 주는 안전한 느낌"이라고 풀어쓸 수 있겠다.

또 다른 이유는 대인관계의 조화 추구다. 자아의 불안정성은 곧 관계의 불안정성과 통한다. 위계질서가 확실한 조직을 상상해보자. 말단사원 중 누군가가 아무런 경고 없이 마치 간부급처럼 행동하기 시작한다. 본래의 상부 멤버들은 혼란스러워진 조직의 질서를 재구축하기 위해 조치를 취할 것이고, 문제의 장본인이 "밟고 올라간" 중간 계층 멤버들 간에도 팽팽한 긴장감이 돌 가능성이 높다. 이처럼 한 개인의 자아관 변화는 주변의 사회적 네트워크에 파급효과를 불러일으킬 수 있다. 자기확증 과정은 나침반에서 방향을 찾는 일과 비슷해서 복잡한 사회체계 속에서 우리의 위치가 어디인지를 알려준다. 이 과정은 놀랄 만큼 다양한 환경과 인구집단 안에서, 세계를 보다 조화롭고 낯익고 예측가능하게 만들어 헤쳐나가기 쉽게 하자는 동기하에 진행된다.

- 접촉에 서툴다

자기확증 개념은 기력 쇠퇴나 직업상황의 변화, 경제적 곤란 등의 이유로 인해 "나를 건드리지 마" 또는 "믿음직스러운 일꾼"과 같은 정체성이 흔들리는 사람들, 특히 남성들의 곤궁과 직접적인 연관이 있다. 친구 및 가족과의 상호관계 배양을 소홀히 한 채 오로지 독립적인 해결사라는 역할로 정체성을 국한한 사람들에게, 다른 사람을 돌봐주는 능력을 잃는다는 것은 이중 타격이 된다. 역할 자체의 상실에다 퇴화한 관계와 함께 찾아오는 공허감이 더해지기 때문이다.

나는 이것이 어느 정도 타당성 있는 일반론의 근거라고 생각한다. 은퇴 후의 여성들은 현재의 자신에 대해 이야기하는 반면 남성들은 과거의 자신에 대해 이야기한다는 것이다. 친구관계 유지는 문자 그대로 미래의 안전망을 위한 투자이다. 은퇴에 대비해 정기적으로 저축하는 사람의 경우, 처음에는 그로 인한 고통을 다소 느낄 수 있다. 하지만 그것은 단기적인 현상일 뿐, 저축하는 습관이 뿌리박히면 괴로움은 사라진다. 장기적인 보상이 상당하리라는 건 두말할 나위도 없다. 최근의 경기침체와 그것이 남성들에게 미치는 불균형한 타격을 주제로 한 기사에서 어느 직업훈련원 국장은 "이 남자들의 절대다수가 좋은 직장에서 높은 보수를 받으며 은퇴를 준비 중이었습니다. 그런데 갑자기 모든 것이 사라져버렸지요."[4]라고 말했다. "은퇴 준비"에는 재정적인 측면뿐 아니라 대인관계도 포함된다.

투자하지 않는 사람은 곤경에 빠질 수 있다. 관계를 형성하고 유지하는 것도 비슷한 원리를 띤다. 초기에 필요로 하는 노력을 지출하면 몇 배로 증식된 미래의 보상으로 이어지는 반면 그러지 않으면 황량하고 공허한 미래만 남는다. 이제 그 미래를 현실로 맞게 된 사람들은 당연히 과거를 돌아보며 자신이 어떤 사람이었는지 회상한다. 향수는 긍정적인 기능도 하지만, 혼자서 빠지는 것이라면 외로움의 부정적인 영향에 압도되기 쉽다.

사실 현 시대는 남녀를 막론하고 사람들 사이의 밀도 있는 교류가 눈에 띄게 감소하는 추세다. 사람들의 상호교류가 소원해지고 있다는 우려에는 근거가 있다. 일례로 사람들은 전에 없이 결혼을 미루고 있으며, 1인 가구 비율도 사상 최고로 높다. 조부모, 부모, 자녀 등 여러 세대가 한 지붕 아래 모여 사는 가정은 거의 사라졌다. 괴테Johann Wolfgang von Goethe는 역사를 되새기고 그것으로부터 배우지 못한다면 "단순히 하루하루 먹고 살아가는 것"에 불과하다고 말했다. 세대를 뛰어넘어 사람들을 다른 가족 구성원과 연결하고, 과거와 후세 사이의 한 고리 역할을 한다는 점에서 다세대 가정이야말로 일상적 역사의 원천이라 할 수 있다.[5] 손자와 함께 사는 50대 남성은 그 사실만으로도 고립의 늪에서 빠져나올 수 있을 것이다. 할아버지와 손자가 더 이상 한 집에 살지 않는다는 게 함정이지만.

최근 발표된 한 기사는 후기 베이비붐Baby Boom 세대(이 기사에서는 1957~1964년 사이에 출생한 사람들을 일컫는다)가 안정된 커리어를 갖기는커녕 평균 11개의 직장을 옮겨다닌다고 보도했다.[6] 우리 후손들의 경우, 이 수치는 늘면 늘었지 줄지는 않을 것이라는 게 지배적인 전망이다. 개인의 태도에 따라 새로운 직장은 친구의 감소보다 증가를 불러울 수도 있다. 옛 직장에서 얻은 친구들을 유지하고 새 직장에서 새로운 친구들을 사귄다면 말이다. 하지만 현대의 직장 풍토상 이런 경우는 드물며 설령 존재한다 해도 남성보다는 주로 여성일 가능성이 높다. 보통의 경우 남성들은 옛 직장의 여러 가지 측면을 (사교환경을 포함하여) 잃어버린 채 피상적이고 일시적인 관계만 무성한 직장을 전전한다.

이 추측과 동일한 맥락에서 지난 20여 년 사이, 속내를 털어놓을 절친한 친구가 없다는 사람들의 수는 세 배 늘었고, 절친한 친구의 평균 수는 세 명에서 두 명으로 줄었다.[7] 책의 논지와도 꼭 들어맞는 이 연구결과는 이러한 감소 추세의 대부분이 남성에게, 특히 가족 외의 관계에서 두드러지게 나타난다는 사실을 보여준다. 한편 이 기간 동안 소셜미디어 기술이 폭발적으로 발전했다는 점을 주목할 필요가 있다. 바꿔 말하면 소셜미디어가 외로움에 대한 성공적인 해결책이 되지 못한다는 추론이 가능하다(이 점에 대해서는 뒤에서 다시 다루도록 하겠다).

에스터 셰일러 부콜츠Ester Schaler Buchholz는 저서 《고독의 부름The Call of Solitude》에서 "모든 사람을 자신의 삶으로부터 밀쳐내며 살아온 남성은 감정의 과부하를 통해 완전한 은둔상태에 빠진 나머지 불행이 닥쳐오면 아무런 힘을 쓰지 못하게 된다."[8]라고 썼다. 이것은 내가 개인적으로 만나거나 법정감정인 자격으로 알게 된 모든 자살 남성에 대한 적절한 묘사다. 지나치게 강한 것들은 부서지기도 쉽다.

북한은 자급자족에 대한 과도한 강조가 초기에 잠시 효과를 보이다가 결국 끔찍하게 추락하는 과정을 잘 보여주는 하나의 전범이다. 초기의 강경함이 지나치면 처참한 파국을 초래한다. 이 나라의 지도 이념인 주체사상은 건국 직후 힘차고 낙관적이던 시기에는 효과를 보였으나, 결국 오늘날의 북한이라는 기괴한 광경을 낳았다. "자존" 정책의 지속은 어리석은 짓일 뿐 아니라(물론 북한의 현실에 미루어볼 때 "자존"이라는 말 자체에 어폐가 있다) 수십만 북한 주민들의 생명을 위협하는 잔혹행위이기도 하다. 이렇게 과도하고 부적절한 자존은 죽음을 불러올 수 있다.

"나를 건드리지 마"에는 잠재적으로 "나를 만지지 마"가 내포되어 있다. 에드워드 홀Edward Hall은 1966년 출간한 명저 《숨겨진 차원 The Hidden Dimension》에서 "접촉 문화권"(라틴, 아시아, 아랍) 사람들은 "비非접촉 문화권"(북유럽, 북아메리카) 사람들에 비해 다른 사람들과의 신체적 친밀감을 즐기는 편이라고 주장한다. 이를 뒷받침하는 실증적 증거로 멕시코계 미국인 2학년 아이들은 앵글로계 미국인 아이들에 비해 서로 더 가까이 앉을 뿐더러 신체적 접촉도 많았다고 한다. 나는 이 결과가 100퍼센트 미국인인 나, 미국인과 멕시코인의 피가 반씩 섞인 두 아들, 그리고 100퍼센트 멕시코인 아내로 이루어진 우리 가족 안에서 그대로 재현되고 있다고 확신한다.[9] 실제로 나는 신체적 접촉에 대한 욕구가 단연 가장 낮고 일정 정도의 거리두기에 대한 욕구가 가장 높다. 두 아들은 중간쯤 된다(서로 똑같지는 않고, 둘 중 "가장 멕시코인다운" 외모를 가진 녀석의 접촉 욕구가 조금 더 높다). 한편 아내는 접촉 욕구가 제일 높고 거리두기에 대한 욕구는 매우 낮다.

나는 고등학교 동창회 25주년 모임에서 학창시절 친구였으나 여러 해 동안 보지 못한 동창과 포옹했다. 그가 주춤하는 것이 여실히 느껴졌는데, 나 또한 그런 일이 많기 때문에 그를 탓할 생각은 전혀 없다.

노라 빈센트Norah Vincent는 《스스로 만든 남자Self-Made Man》에서 어느 수도원에 사는 수도사들의 사교환경을 이야기하고 있다. 논의 주제는 이 수도사들이 상호간에 친밀한 관계를 맺지만 분명 한계가 있으며 때로는 공허하기까지 하다는 점이다. 이 맥락에서 그녀는 다른 수도사의 어깨에 다정하게 손을 얹었던 한 수도사의 말을 인용한다. "그토록 황급히 뒤로 물러나는 사람을 나는 지금껏 본 적이 없어요."[10]

### ● 우리는, 진짜 사나이

물론 자신이나 가족이 신체적으로 위협당하는 상황이라면 이야기가 달라진다. 최근 어느 작가는 "폭력을 혐오하는 남성들조차 본능적으로 폭력성을 내재한다. 이것은 진리다. 우리는 사랑하는 사람을 위해서라면 죽을 수도 있고, 죽일 수도 있다고 생각하며, 또 그래야 한다고 믿는다. 설사 사색적이거나 건강이 나쁘거나 한쪽 눈의 시력을 잃었다 해도 대다수는 스스로도 놀랄 만큼의 용기와 공격성을 자신에게 기대한다."[11]라고 썼다. 맞는 말이다. 이 잠재된 성향은 "나를 건드리지 마" 식 태도와 함께 간다. 즉 "네가 나를 건드렸으므로 나는 동일한 방법으로 복수할 것이며, 만일 실패한다면 스스로를 증오하겠다."라는 태도다. 이 작가는 라디오 인터뷰에서 남성에 비해 여성이 보다 깊이 잠든다고 했다. 그 이유로 남성들은 혹시라도 공격과 침입이 일어날 경우 자신뿐만 아니라 사랑하는 가족을 지키려 항상 경계태세에 있기 때문이라고 전했다. 이런 마음가짐은 "나를 건드리지 마" 식 태도를 한층 강화하는 동시에 타인과의 지속적인 관계를 위한 노력을 봉쇄한다.

노라 빈센트는 남성들의 보호본능에 대해 이야기하지만 거기에는 남성으로서 자신의 위상을 정립한다는 의미도 내포해 있다. 남자다움이란 (여성스러움에 비해) 성장하면서 자연스럽게 주어지는 것이라기보다 스스로 얻어야 하는 성향으로 간주된다. 수많은 사람들이 지난 몇 년 사이 자신의 퇴직연금 구좌 따위를 보며 힘겹게 얻은 것들도 쉽사리 잃어버릴 수 있음을 깨달았듯 "남자다움의 위상"도 예외가 아니다. 이에 관해 최근 한 심리학자는 다음과 같이 썼다. "이미 성공적으로 획득한 남자다움의 위상을 상실할 수 있다는 우려는 곧 위협에 대비하여 영원히 조심해야겠다는 생각으로 이어진다. 결국 남성들은 항상 경계태세를 갖출 수밖에 없다."[12]

지위를 중시하는 남성의 성향을 고려하면 도무지 얼토당토않아 보이던 일들도 이해하게 된다. 프랑스 수학자 에바리스트 갈루아Evariste Galois를 예로 보자. 군群 개념이라는 새로운 수학 분야를 창시하고, 갈루아 이론을 정립한 그는 사귀던 여성 문제로 권총 결투를 벌이게 된다. 결국 총에 맞아 세상을 떠났을 때 그의 나이는 고작 21세였다. 갈루아뿐만 아니라 뭇 남성들은 죽음을 두려워하지 않는다는 모습을 통해 자신의 명예와 평판을 공공연히 과시하고자 했다.

비슷한 사례로 허비 클레클리Hervey Cleckley는 저서 《정상인의 가면 The Mask of Sanity》에서 한 정신병 환자를 이야기한 바 있다. "경찰에 구속된 그는 약간 저항하기도 했지만 그보다는 소리를 지르며 큰 소란을 일으켰다. 이와 같은 저항은 사실 너무 단단히 붙잡혀 있어 싸울 수 없는 상황에서 선택한 과장되고 공격적인 몸짓, 야만성 과시에 불과했다. 그의 전반적인 태도는 싸움을 말리는 사람들에 의해 몸이 붙들린 어린 소년들이 실제 싸움의 가능성이 낮아졌다는 사실을 알고 난 뒤 더욱더 호전적으로 분노를 표현하는 낯익은 장면을 연상시켰다." 내 경험에 따르면 다른 남성들이 지켜보는 앞에서 명예를 의심받는 상황이 오면, 대개 남성들은 자신의 남자다움에 대한 불안으로 의도적으로 사나워지는 듯하다.

사실 "진짜 사나이"라는 남성다움 과시와 "나를 건드리지 마" 안에는 "나와 접속하지 마"라는 정서가 내포되어 있다. 남성들은 종종 관계맺기 욕망을 느낄 때조차 그를 밀어내는 신호를 내보내기도 한다. 가장 안타까운 사례 두 가지는 금문교Golden Gate Bridge에서 뛰어내린 남자들에 관한 것이다. 죽은 사람이 남긴 유서에는 "나는 다리까지 걸어갈 것이다. 만약 도중에 누군가 내게 미소를 지어주면, 뛰어내리지 않으리라."는 말이 씌어 있었다. 이 사람은 타인과의 교류를 갈망했으나, 과연 그것을 적극적으로 청했는지는 의심스럽다. 그동안 내가 임상환경에서 지켜본 자살 욕구가 높은 사람들과 같다면 그는 다리로 걸어갈 때 미소를 짓기는커녕 그 어떤 상호교류도 불러일으키기 힘든 표정과 몸짓을 하고 있었을 것이다. 금문교 자살사건들을 영상에 담은 다큐멘터리 영화 〈다리The Bridge〉를 보면 누구나 여실히 알 수 있다. 죽음 앞에 있는 사람들의 몸짓 언어는 친절과 상호교류를 부르지 않는다.

다리에서 뛰어내렸으나 목숨을 건진 다른 한 사람은(약 3퍼센트가 살아남는다) 울면서 다리 위를 걷고 있었다. 자전거를 타고 지나가던 경찰관은 무슨 일인지 묻지 않고 계속 달렸다. 그는 만일 누군가 조금이라도 친절한 제스처를 보여준다면 뛰어내리지 않으리라 생각했다고 한다. 그때 어떤 여인이 다가왔고 그는 순간적인 안도감과 함께 살고자 하는 의지를 느꼈다. 여인이 자신의 눈물은 무시한 채 카메라를 내밀며 사진을 찍어달라고 부탁한 뒤 차갑게 돌아서버리자, 그는 그대로 난간에 올라서서 죽음을 향해 뛰어내렸다.

이 두 남자 모두 접속과 친절을 필사적으로 갈망했지만 정작 자신은 어떤 노력도 하지 않았다. "나를 건드리지 마"에는 분명 독립성이라는 매혹이 존재한다. 그러나 시기를 잘못 잡거나 과장할 경우 그 부작용으로 치명적인 결과를 부를 수 있다.

4장

# 돈과 지위라는 명함

　남성들은 20대 후반부터 30대 초반가량에 돈과 지위에 초점을 맞추기 시작한다. 여성들도 돈과 지위를 좋아하지만 평균적으로 볼 때 남성들이 더 심하다. 일례로 최근 발표된 한 연구결과에 따르면 일주일에 48시간 이상 일하는 사람들의 80퍼센트가 남성이었다. 또 다른 연구에 의하면 연간 직장에서 보내는 시간의 성별 차는 무려 400시간에 이른다고 한다.[1] 남성들이 더 열심히 일한다거나 전체적으로 그들이 처리하는 업무량이 많다는 이야기를 하려는 게 아니다. 그보다는 돈과 지위에 대한 남성들의 끊임없는 집착이 중심 사안이다. 그들의 열광을 지켜보자면, "모든 광신자들은 목표는 안중에도 없이 오로지 노력만 배가한다."는 조지 산타야나George Santayana의 금언이 떠오른다.

　나는 30대 초반의 어느 해에 두 개의 풀코스 마라톤을 대비해 훈련하고 완주했는가 하면, 분야에서 가장 권위 있는 학술지에 한 회도 빠짐없이 논문을 게재했다. 같은 기간에 아내는 임신을 하고 우리의 첫

아이를 낳았다. 내게 무슨 일이 일어나고 있던 걸까?

나는 전보다 훨씬 더 성취에 몰두했는데, 그것은 아마도 성장하는 내 가족의 안위와 장래를 보장하자는 의도에서 출발했을 것이다. 열의에 찬 남성의 보금자리 꾸미기라고 해도 좋겠다. 한편 이 시기가 내 일생 동안 가장 친구 없이 지낸 기간이기도 했다는 점은 의미심장하다. 나는 오로지 돈과 지위의 성취에만 정신이 팔린 나머지 친구관계를 소홀히 했다. 이는 30대 남성 다수에게 일반화시켜 적용할 수 있다. 그리고 이 고립과정이 40대 이후까지 이어지면 외로움과 더불어 그에 수반하는 온갖 고통스러운 결과를 빚게 된다.

### ● 진화론적 추적

지위에 열중하는 경향은 우리의 진화론적 과거에 뿌리박고 있을 가능성이 높다. 먼 옛날에는 남성과 여성의 번식가능성에 엄청난 불균형이 있었다. 여성 대부분이 번식에 성공한 반면 남성은 소수였다. DNA 조사결과에 따르면 현재 살아 있는 이들의 조상 중 최소한 3분의 2가 여성이라고 한다. 이는 자연계의 공통된 패턴으로 어떤 종의 경우 여성 조상의 비율이 10분의 9에 이르기도 한다. 이런 현상은 다음과 같은 몇 가지 요소가 결합되어 발생한다.

1) 한 여성이 만들어낼 수 있는 후손은 임신, 출산 그리고 출산 직후의 휴지기와 같은 생물학적 요소에 따라 제한되어 있다.

2) 남성들에게는 이 같은 생물학적 제한이 적용되지 않는다.

3) 여성의 번식 주기가 근본적으로 제한되어 있다는 사실은 상대적으로 희소한 것들이 다 그러하듯 그 가치를 더욱 높여준다.

4) 귀중하고 희소한 자원은 경쟁을 불러일으킨다.

5) 희소한 자원에 대한 개방 경쟁은 소수의 승자와 다수의 패자를 낳는다.

우리의 진화론적 과거에는 일부 남성들만이 아버지가 되었다. 한 심리학자는 이와 관련하여 "자연은 생명으로 하여 더 많은 생명을 창조하게 했다. 이 기본적인 과업에 있어 여성들은 높은 성공 확률을 지닌 반면 남성들은 출생하자마자 패배를 예감해야만 했다."[2]라고 썼다. 이런 측면에서 따져본다면, 지위나 돈 같은 것들을 얻기 위한 남성들의 분투는 자연스러워 보인다.

## 관계 맺기의 젬병들

또한 남성들은 일반적으로 기존의 친구관계를 유지하거나 새로운 친교 행위를 배제한 채 돈과 지위에 열중한다.[3] 이런 경향은 학술논문이나 대중적인 설문조사 결과를 통해 확연히 드러난다. 한 대중잡지가 실시한 설문조사에 따르면 50세 남성의 경우 20세 남성에 비해 성공에 대한 다음과 같은 정의에 동의하는 비율이 5분의 1에 불과했다고 한다. "가족이 나를 자랑스러워하게 만드는 일."[4] 50세 남성 중 단 6퍼센트만이 다른 사람이 개입되는 이 같은 정의를 선택했다. 반면 그들의 절대다수는 오직 자신에 대한 언급으로만 이루어진 정의를 선택했다.

물질주의에의 경도가 불행한 결과를 초래한다는 사실을 보여주는 기록은 많다. 심리학자 팀 캐서와 리처드 라이언Richard Ryan은 일련의 연구조사를 통해 물질의 획득이 바라던 안락과 지위를 제공하기는커녕 우울증, 불안, 낮은 자존감, 무력감, 약물 남용 등 다양한 부정적 결과를 불러온다는 사실을 입증했다.[5] 이 조사는 미국 내에서 먼저 실시된 뒤 덴마크, 독일, 러시아, 중국, 인도 등 다른 나라들에서도 시행되었다.

소비지상주의는 위상과 관련된 물건들에 대한 과도한 관심을 조장하여 사람과의 관계 배양에 쓸 에너지를 거의 남겨놓지 않는다. 누가 무엇을 가졌는가를 놓고 친구와 이웃 간 경쟁 관계가 조성되고, 그로 인해 공동체가 붕괴된다. 본질적인 문제는 부와 지위에 대한, 그리고 사회적 관계에 대한 양자택일적 태도에 있다. 그리고 이 문제는 여성보다 남성에게 많이 나타난다. "응석받이" 및 "나를 건드리지 마" 식 태도처럼 물질주의에의 지나친 경도는 매우 일찍 발현될 수 있다. 이미 물질주의가 성인뿐 아니라 어린아이 및 10대 청소년들에게도 동일한 영향을 미친다는 사실을 입증한 연구가 있다. 물질주의를 추구하는 아이들은 그렇지 않은 아이에 비해 품행 문제가 심각하고 학교 성적이 저조하며 다양한 위험 행동에 연루될 가능성이 높다고 한다.

이때 물질주의는 단순히 돈이나 상품에 대한 관심 집중만을 일컫지 않는다. 심리학자들은 지위나 신체적 매력에 대한 과도한 집착이라는 넓은 의미로 확대, 정의해왔다. 이런 경우 외적 동기 대 내적 동기라는 문제가 중요하고도 근원적인 차원으로 떠오르게 된다. 다시 말해 물질을 얻기 위한 노력이 외적 표준을 충족시키려는 것인지 아니면 그와 무관하게 내면에서 생성된 목표 자체를 달성하려는 것인지의 문제를 가리킨다.

대상이 지위든 돈이든 외모든 외적 동기는 장기적으로 부정적인 결과를 초래하는 반면, 동료의식과 공동체 그리고 자신의 결점을 포함한 모든 것의 수용과 같은 내적 동기는 만족감 향상을 부른다. 물론 돈, 지위, 신체적 매력 등에 대한 열중이 무조건 불행한 결과를 낳는다는 얘기는 아니다. 다만 내적 동기를 소홀히 한 채 외적 동기에서 비롯된 목표에만 열중하면 부정적인 결과를 초래하기 쉬우며, 이런 현상은 특히 여성보다는 남성에게서 자주 발견된다는 것이다.

달라이 라마는 외적 동기와 내적 동기의 갈등에 관해 잘 알고 있다. 자신의 위상에도 불구하고 달라이 라마는 물질과 지위에 관련된 것들을 "낡은 허례"라고 부르며 경멸한다. 2010년 〈뉴요커〉에 실린 기사에 따르면 달라이 라마가 초창기에 단행한 정책 변화 가운데 그의 보좌진과 신봉자들을 당혹시킨 사건이 있다. 방문객에게 자신의 것과 같은 높이의 의자를 제공하도록 한 것이었다. "신체적·정신적·정서적으로 우리는 동등하다."라는 그의 가치관이 반영된 결과였다. 이와 같은 정서가 비단 달라이 라마에만 국한된 것은 아니다. 심리치료사 해리 스택 설리번Harry Stack Sullivan은 "우리 모두는 단지 인간일 뿐이다."[6]라고 말한 바 있다.

명절 때마다 "어린이용 식탁"에 따로 앉아야 했던 일을 기억하는 사람들, 그리고 진행자의 의자가 게스트의 것보다 한 계단 높게 설치된 토크쇼 무대에 앉아본 경험이 있는 사람들이라면 의자 높이가 바뀌면서 달라이 라마의 방문객들 또한 모종의 변화를 느꼈으리라고 쉽게 짐작할 것이다. 아마도 이런 점들 때문에 달라이 라마는 세상 모든 사람들이 명상을 해야 하느냐는 오프라 윈프리의 질문에 특유의 쾌활함으로 "어리석은 질문"이라고 응답했던 것이 아닐까 싶다.

다큐멘터리 영화 〈줄 위의 남자Man on Wire〉를 예로 들어 지위와 평판, 외적 동기에 대한 남성들의 우스꽝스러운 집착을 들여다보자. 이 경이로운 이야기에는 세계무역센터World Trade Center 쌍둥이 빌딩 사이에 공중그네용 줄을 걸기로 작정하는 몇 명의 남자들이 등장한다. 그들 중 한 명이 아무런 보안장비 없이 그 줄을 타고 걷기로 결심하고, 결국 이 모든 목표를 달성한다. 지위와 평판을 위해서 끝간 데까지 나아가는 남성들을 보여주는 극단적 사례라 하지 않을 수 없다. 하지만 이 영화의 뛰어난 점은 이 최후의 성취가 그것을 이루기 위해 필요했던 준비과정의 열정에 비해 상대적으로 하찮아 보이도록 만든다는 사실에 있다.

생각해보라. 쌍둥이 빌딩 사이의 그 긴 거리를 무게가 만만치 않은 공중그네용 밧줄로 어떻게 연결한단 말인가(그들이 택한 방법은 활과 화살이었다). 또한 어떻게 경비원들을 피해 빌딩에 접근한단 말인가(그들은 건축용 방수포 아래 숨어 여러 시간을 기다렸다). 그런데 이 사람들이 보여준 대대적인 묘기는 알고 봤더니 문자 그대로 뒷마당 공상에서 출발한 것이었다. 쌍둥이 빌딩 사이에 걸린 줄 위를 걸었던 30대 남자는 세살 꼬마시절, 약 60센티미터 정도 높이에 걸린 줄 위를 걸었다고 한다.

믿기 어려운 준비과정에다 실제로 이 남자가 쌍둥이 빌딩 사이에 걸린 팽팽한 줄 위를 걷는 본편의 묘기 자체만으로도 영화는 충분히 인상적이었지만, 그로부터 25년쯤 지난 시점에서 이 사람들이 회상하는 감정은 관객들에게 큰 감동을 안겨주었다. 그들이 설득력 있게 들려준 이야기에 따르면, 이 이벤트는 그들 생애를 통틀어 가장 중대한 사건 가운데 하나였다.

몇몇 사람이 모여 그중 한 명이 아무런 물질적 대가(사실 돈을 벌기는커녕 꽤 많은 돈이 들었다)나 명성의 보장도 없이(사실 첫 아이를 얻은 해에 마라톤과 학술지 기고 등에 온 정신을 쏟았던 내 경험이 그러했듯 야심과 평판을 신경 썼을 게다) 그저 하나뿐인 목숨을 거는 모험에 뜻을 함께했던 것이다. 대가 없는 일에 목숨을 걸기 위해 그들은 먼저 몇 가지 법률(불법 침입 등)을 위반함으로써 더 많은 비용을 들이거나 징역형에 처해지는 등의 위험을 감수해야 했다. 그러나 그보다 먼저 그들은 궁술, 물리학, 고소高所의 풍속風速, 세계무역센터 건물의 사무직원, 청소원, 경비원들의 습관 등에 관해 계획하고 숙지하고 훈련하고 실습하면서 여러 달을 보내야 했다. 이 모든 것을 해낸 그들이 이제 25년이 지나 그 당시를 회상하며 눈물을 보였다.

이런 행동이야말로 《아마추어들을 위한 남자다움》에 "남성들이 만족을 느끼는 양상의 고전적인 사례들: 두꺼운 고서古書에 숨겨진 불가해한 지식 통달하기, 무심한 반복행위(남자아이들이 카드 속임수, 자유투 던지기, 비디오 게임 등에 몰두하게끔 하는 바로 그것), 최후의 주사위 패에 모든 것을 걸기."[7]라고 쓸 때 마이클 셰이본이 염두에 둔 것이리라.

도대체 누가 쌍둥이 빌딩 사이에 걸린 줄 위를 걷는 일에 모든 것을 던지는 모험 따위를 감행한단 말인가. 이것은 "탐색하는 남성"이라는 현상과 관련되어 있다. 이 영화에서의 탐색은 유혈사태나 보물 따위가 아니라 평판과 동지애를 향한 것이었다. 달리 표현하자면 일종의 패거리 정신 추구였던 셈이다. 이 중요한 개념에 대해서는 잠시 후 다시 설명하도록 하겠다.

슬프고도 의미심장한 일이 하나 있다. 공중그네 묘기를 완수해낸 이들 가운데 절친했던 친구 둘은 세월이 흐르면서 차츰 소원해졌다. 한때 서로에게 대단히 중대한 의미를 지닌 끈끈한 유대관계를 유지했지만 그마저 시들어버린 것이다. 이것은 관계를 소홀히 하는 남성의 일반적인 성향을 보여주는 전형적 사례다. 최근 발표된 기사의 한 대목이다. "내가 아는 모든 여성들은 그 어떤 남성들보다 교우관계에 능숙하여 친구를 소중히 여기고, 서로에게 많은 시간을 쏟으며, 거기서 즐거움을 얻는다. 미안한 말인데, 친구들! 우리는 이것에 영 젬병이다."[8] 바로 이 젬병이라는 진단에서 그토록 심각하고 강력한 성향을 되돌릴 실천가능한 해결책 마련이 절실해지는데, 이 문제에 대해서는 마지막 장에서 집중적으로 다루겠다.

### 아, 그리운 옛날이여

로이 바우마이스터는 도발적인 책 《남자들한테 좋은 점이 하나라도 있을까?》에서 대기업 남성과 여성 직원들의 커리어 경로를 연구 중이던 동료와 나눈 대화를 소개한다. 그 동료가 발견한 사실 중 하나는 남성이 여성에 비해 회사와의 동일시 정도가 훨씬 높다는 것이었다.

기업주 입장에서야 긍정적일지 모르지만 개인적으로는 바람직하지 않은 상태임을 어렵지 않게 알 수 있다.

나는 최근 한 칵테일파티에서 두 명의 남성과 대화를 나누었다. 주된 화제는 은퇴, 더 정확하게 어떻게 은퇴하는 것이 옳은가 하는 내용이었다. 대화에는 부모들의 경험이 종종 화제로 올랐다. 그중 한 사람은 자신의 어머니가 기거하는 노인아파트에 대해 이렇게 말했다. "여자들에게는 마치 여대생 클럽회관 같은 환경이에요. 함께 교류하고 즐기고 서로 도움을 주고받고… 그렇게 살더군요. 남자들은 그저 옛날에 자신이 어떤 사람이었고 무슨 일을 했는지에 대해서만 늘어놓고요. 여자들만큼 행복해보이지 않아요."

과거에 자신이 어떤 사람이었는지를 추억하고, 그로부터 자아정체성을 찾는 남자들을 밥 그린Bob Greene은 저서 《기쁜 일이잖아요 *And You Know You Should Be Glad*》에서 "권력의 시절"이라는 표현을 섞어 이야기한다. "권력을 가진 남성들에게서는 특정한 기운이 느껴진다. 다른 사람들은 물론이고 자신까지도 책임지고 있는 자라는 (…) 자신 외에는 아무도 없다는 듯한 분위기."⁹ 하지만 한 친구와의 대화를 통해 그린은 그 시절 및 당시의 태도가 양날의 칼이었음을 깨닫는다. 권력의 시절에 대해 묻자 친구는 "40대는 권력의 시절이 아니라 얼간이의 시절인 것 같아."¹⁰라고 대답한다. 무슨 말인지 캐묻는 그린에게 친구는 이렇게 부연한다. "앞으로 모든 것이 만사형통일 거라고 믿는 사람들 중 하나가 되잖아. 그런 사람들일수록 결국에는 일이 꼬이게 되지. 권력은 환상에 불과하거든. 그렇게 스스로 속아넘어가는 거야."¹¹

이 통찰이 무서운 까닭은 현재 권력을 누리는 남성들은 자신에게 무슨 일이 일어나는지 못 본다는 데 있다. 지금 노인아파트에서 은퇴 생활을 하는 이들은 당장 알아차릴 수 있는 것들 말이다.

남자답다는 위상의 성취를 여자답다는 위상의 성취와 비교해보자. 시몬 드 보부아르Simone de Beauvoir는 1949년 저서 《제2의 성 The Second Sex》에서 "우리는 여성으로 태어나지 않는다. 우리는 여성이 된다."[12]라고 썼다. 일리 있는 말이지만 성별이 바뀌었다. 한 연구진은 대학생들에게 "모든 소년이 진짜 남자로 성장하지는 않는다." 또는 "소년은 남자라고 불릴 권리를 스스로 획득해야 한다."와 같은 진술에 대해 어떻게 생각하는지 물었다. 학생들은 대체로 이 문장에 동의했다. 이들이 21세기의 남녀 대학생이라는 사실에 주목하자. 그런데 연구진이 같은 문장에서 "소년"을 "소녀"로, "남자"를 "여자"로 대체하여 그에 대한 의견을 묻자 결과는 달라졌다. 학생들은 "소녀는 여자라고 불릴 권리를 스스로 획득해야 한다."[13]라는 진술에 동의하지 않았다는 뜻이다. 여성은 본질적으로 저절로 여자다움을 얻게 된다는 의견이, 그에 반해 남성은 남자다움을 획득해야 한다는 의견이 내포된 셈이다. 여기서 "위상"이라는 표현은 부유함이나 존경, 권력이 포함되지 않은 남자 그 자체로서 인정받는다는 의미임을 기억하자. 이처럼 포괄적인 의미의 위상조차 획득하기 어려운 현실에서 남자들이 더욱 더 위상에 집착하는 상황은 어쩌면 당연할지도 모른다.

어느 대학교수는 회고록에서 우울증이 인간관계에 미친 영향을 반추하며, 우울증을 완화시키기 위해 대학교수라는 직업에 강박적으로 매달렸으나, 실패했던 자신의 사례를 얘기한다. "일에 대한 이 맹렬한 헌신의 가장 강렬한 결과는 영예가 아니었다. 내 모든 에너지를 연구와 집필에 쏟아붓는 매 순간 나는 아내와 교류할 기회를 또 한 차례 놓친 셈이었다. 그렇게 우리는 고립을 심화시키고 있었다." 친분 있는 저명한 교수에게 내 책의 취지를 설명했더니 그는 위의 회고록 작가와 같은 맥락에서 내게 조언해주었다. "나는 40대 후반 첫 결혼이 파경에 이른 후에야 깨달았다네. 늘 일에 매달려 성공을 거두었지만, 항상 신경질적이었기에 내 전처는 불행했었지. 이혼 후 거울을 한참 들여다보며 결심한 것이 있네. 만일 다시 결혼하게 된다면 이번에는 다르게 처신해야겠다는 다짐이었지. 물론 값비싼 교훈이었지만, 덕분에 지금 나는 행복하고 재혼생활도 순조롭지 않은가." 이제 20년째에 접어든 재혼생활은 이 교수의 말대로 신뢰관계가 단단해 보인다.

• 부자들에게는 친구가 필요없다?

문제는 돈을 문자 그대로 위안이나 친구로 삼는다는 데 있다. 이 사실을 보여주기 위해 심리학자들로 이루어진 연구진은 앞서 묘사한 사회적 배척 방식을 사용했다.[14] 연구진은 참가자들을 무작위로 "홀로 사는 미래"(사회적으로 배척된 그룹), "어울려 사는 미래" 그리고 "불운 통제조건" 세 그룹 중 하나에 배정했다. 사회적으로 배척된 그룹에 속한 사람들에게는 다음과 같은 설명을 들려주었다. "당신은 훗날 외톨이로 살아갈 유형입니다. (…) 계속해서 새 관계를 형성하는 나이가 지나면 당신은 더욱더 외로워질 가능성이 높습니다."

"어울려 사는 미래" 그룹의 참가자들에게는 "당신 옆에는 항상 친구들과 사람들이 모여들 것입니다."라는 설명이, "불운 통제조건" 그룹의 참가자들에게는 "당신은 아주 많은 사고를 당할 가능성이 높습니다."라는 설명이 각각 주어졌다.

예상대로 "홀로 사는 미래" 그룹에 속한 참가자들이 다른 참가자들에 비해 부정적인 반응을 보였다. 예정되었다는 외로운 미래에 대한 설명을 들은 뒤 아무것도 씌어있지 않은 빈 종잇조각을 받았을 때도 마찬가지였다. 하지만 빈 종잇조각 대신 지폐를 받았을 때는 부정적인 반응이 완화되었다. 연구진으로부터 홀로 살게 된다고 들었음에도 그들은 그다지 혼자라는 느낌을 받지 않았다. 어떤 면에서 돈이 그들의 친구였던 것이다. 이 조사는 "부자들에게는 친구가 필요 없다."라는 제목이 달려 기사화되었다. 물론 잘못된 주장이지만 실험결과를 보면 편집자가 왜 그런 제목을 선택했는지 수긍이 간다.[15]

"친구로서의 돈"이라는 관념은 매우 위험하고 무섭다. 돈은 금세 사라지게 마련이며, 그렇지 않다 해도 생을 살아갈 힘을 주지는 못하기 때문이다. 이 말이 틀렸다면 불황기에 남성 부자들 중 자살하는 이가 훨씬 적고, 내 아버지도 아직 살아 계셔야 옳다. 아버지는 주식 거래로 거액의 돈을 번 지 몇 주 지나지 않아 자살했다.

물론 돈은 위에 묘사한 실험 및 내 아버지의 예가 보여주듯 가짜 친구가 되어줄 수 있다. 단, 돈 그 자체가 인생에 만족을 줄 수 있다는 착각이 지속되는 기간에 한해서다. 이런 환상이 계속되는 사이, 시간은 허비되고 사교능력은 퇴화하며 설사 인생 초년에 사귄 친구들이 있었다 하더라도 흩어져버린다.

운 좋은 소수만이 젊은 시절에 마련해둔 친구관계에 의탁하여 살아나갈 수 있을 뿐, 대부분은 시간이 흐르면서 친구관계로부터 동떨어져 돈과 지위를 얻는 데 골몰한다. 이로써 그들은 혼란스럽고 역설적인 처지에 놓인다. 특권적 위치를 쟁취했으니 귀중한 것을 얻었다는 충만감이 들어야 마땅하건만, 오히려 공허하고 외로운 느낌에 시달린다. 한마디로 정상에서의 외로움이다.

5장

# 정상에 서서 외로워하다

생전의 마지막 몇 주 동안 내 아버지는 "군중 속의 외로움"을 겪고 있었다. 그를 마지막으로 본 건 자살하기 2~3주 전, 어머니와 두 누이, 내 친구, 그리고 내가 함께한 가족 휴가에서였다. 혼자 있지 않았지만 그가 외로움을 느낀다는 것을 쉽게 짐작했다(그렇다고 내가 그의 자살을 예견한 것은 전혀 아니다. 그 사건은 내 인생을 통틀어 가장 고통스러운 충격이었다). 사랑하는 사람들과 함께 머물면서도 아버지가 외롭다는 사실은 그의 거동과 침묵, 그리고 내가 이후 임상경험을 통해 불길한 잠재적 자살신호로 해석하게 된 "먼 곳 응시"에서 여실히 드러났다. 먼 곳 응시는 전투와 같은 트라우마를 경험한 사람에게서 흔히 드러나는 행동으로, 그들의 눈은 아무런 표정 없이 텅 비어 있다. 특히 자살을 결심한 사람에게는 어리둥절한 체념과 결의가 담겨 있다. 어떤 이들은 이런 상태를 가리켜 "거기 없다." 또는 "이미 떠났다."라고 표현하기도 한다. 그것은 외로움에 내재한 "비非상관성"의 격렬한 한 형태다.

아버지는 56세에 자살하셨다. 그가 마지막 몇 주 동안 경험한 "군중 속의 외로움"은 특히 노년 남성들에게 흔한 외로움이다. 한편 확언할 순 없지만 자살하기 직전의 몇 시간, 몇 분, 혹은 몇 초 동안 아버지는 외로웠을 뿐 아니라 실제로 혼자였으리라고 추측된다. 이런 형태의 외로움 또한 나이가 들면서 더 자주 발생한다.

그에 반해 젊은 남성들은 앞서 언급했던 "혼자라는 사실을 인지하지 못하는 상태" 종류의 외로움을 겪을 확률이 높다. 내 아버지 또한 30대 시절에 이런 증상을 보였다. 당시 그의 친구관계는 이미 시들기 시작했다. 어린아이였던 내 눈에도 보일 정도여서 아버지에게 그에 대해 질문했으나, 아버지는 정말로 아무것도 깨닫지 못하는 것 같았다.

나는 앞선 세 개의 장에서 서로 구별되면서 동시에 관련 있는 남성 외로움의 원천들에 관해 설명했다. 그것들은 "응석받이 되기," "나를 건드리지 마"로 상징되는 과도한 자치 중시, 그리고 "돈과 지위에 대한 지나친 집착"이다. "혼자라는 사실을 인지하지 못하는 상태" 식의 외로움은 이 세 가지 가운데 어디에서라도 발생할 수 있다. 권리의식, 치열한 독립성, 지위와 돈에 지나치게 골몰하는 사람은 그로 인해 인간관계의 자원이 메말라가는 현실을 깨닫지 못한다.

### • 문득 찾아오는 외로움

이와 반대로 외로움의 네 번째이자 마지막 원천인 "정상에서의 외로움"은 보통 인생 후반부에 찾아온다. 독립에 대한 매혹은 사라졌고 돈과 지위를 얻었지만, 관계 욕구를 채워주기는커녕 오히려 상황을 악화시킬 무렵에 말이다. 두둑한 은행 잔고와 높은 지위, 그리고 외로움으로 인한 공허감이 서로 극명한 대조를 이룬다.

외로움의 마지막 원천인 "정상에서의 외로움"이 다른 세 가지 원천과 다른 점은 또 있다. "응석받이 되기" "나를 건드리지 마" "돈과 지위에 대한 집착"은 주로 외로움의 원인일 뿐 결과는 아니다. 하지만 "정상에서의 외로움"은 결과의 요소를 함께 지닌다.

데이비드 리스먼David Riesman은 저서 《고독한 군중The Lonely Crowd》 속 "고독한 성공Lonely Successes"이란 장에서 직업적 성공의 정점에 선 남자가 바로 그 성공의 결과로 인해 "불행하고 겁에 질린 채 정상에서 추락하게 될 날을 기다리는" 모습을 묘사한 뒤 "성공은 치명적이다."[1] 라는 말을 덧붙인다. "정상heights" 혹은 "정점pinnacle" 등의 단어는 명성과 영향력의 권좌를 암시하는 동시에 고립을 뜻하기도 한다. 정점의 꼭대기는 비좁기 그지없다.

돈이 가짜 친구가 될 수 있다는 사실은 이미 살펴보았다. 그런데 돈은 고립을 초래하기도 한다. 바버라 에런라이크Barbara Ehrenreich는 무조건적인 낙관주의의 위험을 주제로 한 저서 《긍정적 성향Bright-Sided》 (국내에서는 "긍정의 배신"으로 번역 출간되었다. ―옮긴이)에서 일명 슈퍼 리치super-rich로 불리는 초특급 부자들의 믿을 수 없는 (외설적이라고 해도 좋을) 부富와 그것이 부추기는 무절제를 묘사한다. 잭 웰치Jack Welch는 제너럴 일렉트릭General Electric 사의 최고경영자CEO 자리에서 (명명백백한 정점이다) 물러나면서 250만 달러의 연금, 개인전용 보잉 737 제트기 사용권, 월세 8만 달러의 맨해튼 아파트, 여러 채의 사저에 배치될 무료 경비원 등을 보장받았다. 거기에다 신변보호용 경비원들도 제공받은 걸 나는 직접 목격했다. 애틀랜타 공항에 간 적이 있는데 갑자기 떠들썩한 소란이 일더니 비밀 경호요원들처럼 양복을 차려입은 남자들이 나타났다. 나와 다른 여행객은 대통령이나 장관이 들어오고 있다고 확신했는데 알고보니 잭 웰치였다.

에런라이크는 "이런 생활양식의 명백한 대가는 극도의 고립이다."[2]라고 말한다. 이 고립은 최고경영자의 부하나 측근들이 듣기 좋은 말만 전하며 환심을 사려 한다는 사실에 기인한다. 한 최고경영자는 자신이 "세상에서 가장 거짓말을 많이 듣는" 사람이라고 말한 적이 있다. 하지만 기만당하는 것과 외로워지는 것은 엄연히 다르다. 부유한 최고경영자 및 그와 유사한 부류가 고립되는 보다 근본적인 이유는 그들 자신의 태도와 행동에 있다. 이런 태도는 위에서 언급한 거짓말을 많이 듣는 최고경영자의 말에서도 드러난다. 그는 부유하므로 당연히 권력도 누린다. 하지만 "세상에서 가장 거짓말을 많이 듣는"이라는 표현 자체로 자신을 다른 모든 최고경영자 그리고 세계 각국의 지도자들보다도 더 중요한 위치에 놓는 어리석음을 범한다.

역대 달라이 라마 법통法統을 이은 남자들에게도 성공은 치명적인 경우가 많았다. 2010년 〈뉴요커〉는 달라이 라마의 상당수가 궁중 암살 음모로 희생당했으며, 따라서 30대를 넘어 생존한 수는 반밖에 되지 않는다고 지적했다.[3] 1600년대의 사례를 들면 한 정부 대신이 당시 달라이 라마의 죽음을 15년 동안이나 숨겼다고 전해진다. 이것은 단지 정상에서 외로운 것을 넘어 외부세계와 단절된 지도자가 아니면 일어날 수 없는 일이다. 실제로 현 달라이 라마는 구중궁궐에서 가족과 떨어져 "부엉이처럼 격리된 채" 살았던 어린시절을 회상한 바 있다.

물론 성공이 다 치명적이거나 높은 자리의 사람들이 반드시 외로운 것은 아니다. 이 사실은 초기 미국의 예가 명백히 증명한다. 1830년대 미국인의 삶을 기록한 알렉시스 드 토크빌은 다음과 같이 말했다. "미국에서는 좀더 부유한 시민들이 서민대중과 동떨어져 살지 않기 위해 많은 노력을 기울인다. 동떨어져 살기는커녕 그들은 하층계급과 원만한 관계를 유지하고 있다. 매일 하층민의 말에 귀를 기울이고 또 그들에게 말을 건다."[4] 완곡히 표현해서 오늘날 이것은 맞는 말이 아니다.

또한 최근 발표된 한 기사는 미국인의 문화생활에서 급격한 변화가 일어나고 있음을 지적하며 이렇게 단언했다. "미국의 엘리트들은 미국인의 삶으로부터 점차적으로 유리되어 왔다. 이것은 당파적 현상이 아니다. 모든 엘리트들이 정치적 성향을 가리지 않고 외부인 출입통제 주택단지로 숨어들어가 (여기서 '출입통제'는 문자 그대로의 묘사이자 비유적인 표현이다) 사회경제적으로 다른 계급의 사람들과는 친밀한 수준의 상호교류를 전면 중단했기 때문이다."[5]

갤럽Gallup은 Q12라는 이름의 직원 참여도 파악용 설문을 운영한다. 지금까지 설문조사에 참여해온 수백만의 미국 노동자들 중 260명에 한 명꼴이 부사장급 이상의 중역들이었다. 설문항목 중 건강한 직원 참여도를 반영하는 가장 정확한 지표인 "직장에서 절친한 친구가 있는가?"를 묻는 문항에서 고위층 중역들이 가장 낮은 결과치를 보여주었다는 사실은 의미심장하다. 이 조사결과를 보도한 신문기사의 제목은 적절하게도 "정상에서는 외롭기만 한 것이 아니라, '유리遊離'될 수도 있다."[6]였다.

흥미롭게도 셰익스피어William Shakespeare는 이를 《헨리 4세Henry IV》에서 다루었다. "왕관을 쓴 머리는 무겁게 짓눌린다."는 말로 권력이 곧 멍에임을 암시했다고 기억하는 사람이 많을 것이다(이 대사는 머리 자체가 비유로서가 아니라 문자 그대로 무겁다는 것을 암시할 수도 있는데, 이런 해석이 전적으로 억지만은 아닌 것이 미국 대통령들은 키와 체구에 있어서 평균 이상이었다. "여왕벌"을 생각해보면 자연계에서도 이런 현상은 비교적 쉽게 찾을 수 있다).

그러나 셰익스피어는 권력의 부담을 의미하지 않았다. 정확한 실제 대사는 "왕관을 쓴 머리는 불안하게 눕는다."이다. 이 구절은 권력의 부담이 아니라 불면을 말하고 있다. 헨리 4세는 백성들은 평화롭게 잠드는데 자신은 그럴 수 없다는 게 분하다. 같은 대목에서 왕은 탄식한다. "가장 극빈한 수천의 백성들도 지금 이 시간에는 잠들어 있지 않는가! 오 잠이여, 오 상냥한 잠이여, 자연의 부드러운 간호사여…." 이 책의 마지막 장에서 설명하겠지만 참으로 잠은 효과적인 "간호사"이며 놀라운 외로움 감소를 가져온다.

물론 권력과 리더십은 매우 부담스러운 짐이기도 하다. 대통령들의 머리가 빠른 속도로 세는 것만 봐도 알 수 있다(빌 클린턴과 조지 W. 부시 전 대통령들이 명백히 보여줬다). 2010년 발표된 논문에서 심리학자 네이선 드월Nathan Dewall과 그 동료들은 이렇게 썼다.

권력과 리더십은 정의상으로는 인간관계에서의 역할이지만, 정작 그 위치에 오른 사람들에게는 고독한 과업이 맡겨진다. 대부분은 본질상 그다지 즐거운 일이 아니다. 따라서 일을 성공적으로 완수하기 위해서는 중단하거

나 고삐를 늦추고픈 충동을 억제해 최대한 오랫동안 고도의 노력을 투여하는 능력이 요구된다.[7]

이 연구진은 권력행사의 부담이 실험실 환경에서도 나타난다는 것을 보여주었다. 높은 권력 역할을 배정받은 참가자들이 실험 과제(수학 문제 풀기나 심지어 줄에 매달린 족집게로 "수술" 게임하기 등)에 더욱 열심히 임하고 그럼으로써 에너지를 소진한다는 사실을 발견한 것이다. 또한 극심한 피로에도 불구하고 참가자들은 두 번째 과제에서도 우수한 실적을 기록했다. 하지만 예상치 못했던 세 번째 과제가 주어지자, 권력을 부여받은 이들은 첫 두 과제에 모든 능력을 써버린 나머지 무너지고 말았다.

## • 사라져버린 사람들

관계 유지는 소홀히 한 채 커리어 개발에만 전력을 쏟아붓는 사람들에게는 불길한 조사결과가 아닐 수 없다. 관계 태만은 고립과 점증하는 외로움 그리고 관계 형성기술의 퇴화를 초래하는 반면, 성공적인 커리어를 통해 얻은 권력의 부담은 모든 것을 고갈시킨다. 이처럼 비극적인 시나리오의 주인공은 주로 남성이다. 어느 순간 외로워진 자신을 발견하지만 어떻게 해볼 기술도 없고, 설령 있다 하더라도 이젠 그를 적용할 기력조차 없다. 한 경영 컨설턴트는 이렇게 썼다. "조직의 리더들로부터 늘 듣는 말이 있는데, 그것은 '대화를 나누거나 함께 일

할 누군가가 있었으면 좋겠어요.'이다."⁸

《승부사: 새로운 기업 리더들The Gamesman: The New Corporate Leaders》을 쓴 마이클 맥커비Michael Maccoby가 보기에 성공적인 기업의 관리자는 남성인 모양이다. 1970년에 출간된 이 책의 제목이 중성형인 'Gamesperson'이 아니라 남성형인 'Gamesman'으로 되어 있으니 말이다. 어쨌든 이 오래된 책 속에서 성공적인 관리자가 원하는 바는 "승자로서의 인정이고, 뿌리 깊은 두려움은 낙오자로 낙인찍히는 것이다. 선택에 제한이 없다는 환상을 유지하고 싶어"하지만 "개인적 친교나 사회적 책임"⁹에 쓸 능력이나 시간은 거의 없다. 《승부사》의 성공적인 관리자는 친교를 덫으로 간주한다. 그 대신 사무실의 "흥분을 일으키는 성적 분위기 (…) 그에게 끊임없이 아양을 떠는 미니스커트 차림의 비서들"에 끌리지만 "젊음도 활력도 심지어 승리가 가져다주던 스릴마저 사라지고 나면, 우울해지고 목표를 잃은 채 삶의 의미를 회의한다. 조직의 어려움을 해결하려는 의욕도 살아나지 않고 그 무엇에도 마음을 열어 신명을 바칠 수가 없다. (…) 그는 절대적으로 외로운 스스로를 발견한다."¹⁰

"미니스커트 차림의 비서들" 같은 이미지가 보여주듯 이 책은 수십 년 전에 씌어졌지만, 여기서 묘사한 기업 관리자만큼은 오늘날에도 쉽게 찾아볼 수 있는 남성이다. 그는 중대하다고 믿었던 뭔가에 모든 것을 열렬히 쏟아부었으나 인생의 어느 시점에 이르러서야 뭔가가 잘못됐음을, 삶에서 참된 힘이 되어줄 유일한 끈인 가족 및 친구와의 유의미하고 영속성 있는 관계 유지에 소홀했음을 뒤늦게 깨닫는다. 하지만 그걸 고치기에는 너무 늦었을 뿐 아니라 혹여 늦지 않았다 해도 어떻게 해야 할지 모르는 현실에 낙담하는 비극적인 인물이다. 그는 몰려오는 광기를 의지로 물리치고자 헛된 노력을 기울였던 리어 왕King Lear처럼 잠식해 들어오는 외로움에 의지력으로(지금까지는 효과적인 전략이었기에) 맞선다. 리어 왕은 울부짖는다. "차오르는 슬픔이여 내려가라. 네 자리는 저 아래다." 셰익스피어는 습관대로 "차오르는 슬픔"이라는 한 구절로 작품 전체의 핵심을 함축한다.

앞 장에서 설사 그것이 부정적일지라도 스스로의 자아관을 확인해주는 피드백을 들으려는 자기확증 현상에 대해 다룬 바 있다. 자기확증 욕망의 기저에 흐르는 중요한 동기는 사회관계에서의 안정성이다. 자신의 자아관이 다른 사람의 관점과 조화를 이루면, 재협상과 그로 인한 혼란이 필요치 않다. 일례로 예전에는 수줍었던 사람이 공격적으로 권력을 추구할 때 크나큰 혼란이 발생한다. 고집불통 리더가 순종적으로 행동하기 시작해도 마찬가지다. 리더와 추종자들 사이에 이미 협상이 이뤄져 정착됐던 관계들에 의문이 제기된다. 도대체 어떻게 행동해야 할지 종잡을 수 없는 사람들은 새로운 관계구조를 확정하기 위한 재협상에 노력을 투입해야 한다. 이렇게 자아관은 사회구조의 변화를 야기한다.

이러한 과정은 우울증이 발발하거나 경감을 경험하는 환자들에게서도 쉽게 확인된다. 우울증은 자아관 추락으로 이어지고, 별안간 순종적으로 변한 리더의 경우와 비슷하게 모든 관계들이 재조정된다. 환자들이 오랜 우울증에서 회복하는 경우는 더 흥미롭다. 환자의 자아관에 긍정적인 변화가 오면서 갑작스런 계급상승과 유사한 충격을 친구와 가족들에게 던진다. 물론 우울증 회복은 굉장히 좋은 일이지만,

그래도 변화는 변화다. 우리 병원에서는 회복하는 환자들에게 반드시 이 현상에 대해 알려준다. 그럼으로써 여러 불필요한 오해와 갈등을 미연에 방지한다.

병원에서 벌어지는 일들은 인간 외의 다른 영장류 세계에서도 일어난다. 인간과 마찬가지로 우리의 영장류 사촌들은 매우 안정된 사회적 위계질서를 형성하는 경향이 있다. 따라서 위계 내에서의 이동은 집단구성원 모두에게 스트레스와 혼란을 초래한다. 연구진은 이 같은 사회적 유동성 효과를 연구하기 위해, 구성원 중 하나에게 뇌의 주요 기능을 증강시키는 항우울제를 투약했다(신경전달물질인 세로토닌을 활성화하는 약물로 예를 들면 프로작, 졸로프트, 렉사프로 등이다). 이 약물들을 투약받은 동물은 계급이 올라가고, 반대로 세로토닌 활동을 저해하는 경험이나 시술을 받은 동물은 계급이 내려가는 경향을 보였다. 이처럼 구성원들의 계급이 오르내리면 동물들의 사회체계가 흔들려 심한 경우 격랑이 몰아친다.

따라서 우리는 위계 내에서의 위상에 집중하기보다 위계 내 관계에 집중하는 것이 바람직하다. 나는 최근 플로리다 주립대학교 풋볼경기장 주차장 내 즉흥파티에서 한 남자를 만났다. 70세 안팎의 성공한 변호사인 그는 동년배 친구, 동료들과의 추억에 관해 술회하면서, "모든 게 사라져요. 아무것도 믿을 수 없어요. 단 하나 믿을 수 있는 것은 친구들뿐이지요."라고 말했다. 크리스토퍼 래쉬는 《자아도취의 문화》에서 "일이라는 성취지향적 영역에서" 너무 많은 남성들이 "남보다 앞서 나가기 경쟁, 다시 말해 친구들을 위축시키고 사람들을 현혹시키는 죽음의 게임에"[11] 몰두한다고 쓰고 있다.

남보다 앞서나가기 경쟁은 다른 사람들을 착취하는 능력과만 연관된 것이 아니다. 그것은 어쩌면 다른 사람들을 보살피는 능력 추구와 관련된 것일 수도 있다. 노라 빈센트는 《스스로 만든 남자》에서 남성 수련회에 참가한 남자들에 관한 이야기를 들려준다. 수련회에서는 남성들의 정서 표출을 촉진하기 위한 활동으로 그림 그리기를 시행했다 (나는 남성의 외로움에 대한 이런 종류의 해결책은 실패가 예정된 것이라고 생각한다). 그런데 두 남자가 아틀라스Atlas(그리스 신화에서 하늘을 떠받드는 형벌을 받은 인물. —옮긴이)를 그렸다. 저자는 그중 한 남자에 대해 "그는 생계비를 벌어오는 가정의 안전망이자 집안 문제들을 바로잡는 해결사 역할에 부담감을 느끼고 있었다."라고 설명했다. 다른 한 명에 대해서는 직접 그 사람의 입을 빌려 이렇게 말했다. "나는 내가 모든 걸 잘 유지하면, 그러니까 모든 상황과 사람을 제대로 보살피면, 결국 나도 사랑받게 될 거라고 생각해요. 그 대가는 내 인생이죠. 그러니까 내 주변을 잘 보살펴 사랑받기 위해 불가능한 일을 하려고 노력하는 거예요. 나는 시시포스Sisyphus(그리스신화에서 바위를 밀어 산꼭대기에 올려놓는 형벌을 받은 인물. —옮긴이)인 거죠."[12] 남성이든 여성이든 이렇게 느낄 수 있지만, 특히 남성들은 "결국은 나도 사랑받게 될 거야."라는 강박을 많이 경험한다.

우리 가족과 18년을 함께 한 반려견이 최근 세상을 떴다. 정확한 사인이 무엇인지 확실하지 않지만, 사체를 처음 발견했을 때 매우 힘들었다. 그래서 나는 아내나 두 아들이 아닌 내가 발견했다는 데 오히려 깊은 감사를 느꼈다. 나는 죽은 반려견을 차에 싣고 동물병원에 가서 화장을 의뢰하는 일을 포함하여 모든 과정을 처리했으며 남은 가족을 보살피면서 하루를 보냈다. 나는 중심을 잃지 않고 모두를 보살폈다. 슬픈 상황이었지만 그럴 수 있다는 데 자부심을 느꼈다. 그런데 그로부터 며칠 뒤, 돌연한 질문이 나를 찾아왔다. '나는 누가 보살펴줬지?'

정상에서 외로움을 느끼는 사람들은 자신의 사회적 고립과 그에 수반되는 부정적인 감정들로 인해 주의注意 반경이 좁아진다. "혼자라는 사실을 인지하지 못하는 상태"를 이미 넘어선 단계다. "혼자라는 사실을 인지하지 못하는 상태"에 있는 사람들도 주의 반경이 좁아지지만 보통 그 대상은 돈과 지위로 국한된다. 반면 정상에서 외로운 남성에게 돈과 지위는 이미 풀어버린 숙제이다. 그러므로 이 둘은 관계와 만족의 부재를 더욱 도드라지게 만들기도 한다.

주의 반경이 좁아진다는 것은 당면한 문제에 대한 해결책에 집중하도록 만드는 측면에서 생산적일 수 있다. 하지만 깨닫지 못하고 놓치는 것들이 많다는 점에서 당연히 문제가 된다. 집중력 있고 효과적인 문제해결자인 동시에 친구관계 유지와 같은 인생의 즐거움에도 관심을 돌릴 줄 아는, 넓은 시야의 소유자가 되기를 바란다면 지나친 욕심일까?

확장과 구축이론broaden-and-build theory에 따르면 이 질문에 대한 답은 "지나친 욕심이 아니다."[13] 이 이론을 요약하면 이렇다. 사람들은 새로운 관념과 행동을 발견하는 과정에서 신체적·지성적·사회적·심리적 자원을 구축한다. 중요한 것은 긍정적 정서들이 (지속적인 친구관계에서 나타나는 것과 같은) 사람들로 하여금 새로운 사고와 행동양식을 발견하도록 격려함으로써 그들의 사고-행동 자원을 확장한다는 점이다. 이렇게 긍정적 정서와 대인관계 등의 자원 사이에는 상관관계가 존재한다. 달리 표현하자면 A(긍정적 정서)가 B(대인관계 등의 자원)를 유도하면 이번에는 B가 A를 유도하는 식으로 돌고 돌아 상승작용을 일으키는 것이다. 이 같은 과정은 대학생들을 대상으로 한 조사를 통해 입증된 바 있다.[14] 연구진은 5주 간격을 두고 학생들에게 스스로 자신의 감정과 자원에 대해 평가하게 했는데, 긍정적 정서들은 더 열린 마음으로 삶에 대응하게 해줬고, 열린 마음은 다시 긍정적 정서들을 배가시켰다. 게다가 긍정적 정서들과 열린 마음의 대응은 연쇄적으로 서로를 증진시켰다. 긍정적 정서들이 인식적 맥락을 "확대"하는 효과가 두뇌의 도파민dopamine 분비량 증가와 관련이 있다는 연구결과도 있다.[15]

이 연구가 함축하는 의미들은 외로운 남성에 대한 고찰과 관련해서도 흥미를 끈다. "정상에서의 외로움" 현상을 해결하기 위해 사람들을 긍정적 정서 쪽으로 슬쩍 밀어 주의를 약간만 환기시켜줘도 긍정의 연쇄반응을 촉발시키고, 사회적으로도 비교적 큰 효과를 얻을 수 있다는 암시가 되기 때문이다. 사실 이 "슬쩍 밀기" 개념은 앞으로 다룰 남성 외로움 해결책의 핵심이기도 하다. 하지만 해결책이라는 중대한 질문으로 들어가기 전에 해결책이 왜 그토록 중대한지를 먼저 설명하려 한다. 실천 가능하고 효과적인 해결책이 없다면, 외로운 남성에게는 허다한 종류의 불행만이 기다릴 것이기 때문이다.

6장

# 골프와 불륜에 빠진 남자

 어떤 문제의 원인이 원인이기를 멈추고 결과로 돌아서는 시점은 언제인가? 이것은 각종 정신질환의 원인과 결과에 대한 연구과정에서 자주 맞닥뜨리는 질문이다.
 우리는 외로움이 자살행동을 비롯한 많은 문제의 원인임을 살펴보았다. 그런데 어느 외로운 사람이 자살을 시도했다가 목숨을 건졌지만 그 결과 사회적으로 더욱 고립되는 시나리오를 상상해보자. 여기서 외로움은 원인이자 결과가 된다.
 여기서 한 뭉치의 과정을 원인으로, 다른 뭉치의 과정을 결과로 규정하는 것은 자의적인 측면이 있지만 사안들을 일목요연하게 정리해준다는 점에서 유용하다. 이런 측면에서 나는 "응석받이 되기," "나를 건드리지 마," "돈과 지위에 대한 집착" 그리고 "정상에서의 외로움"이라는 네 가지 과정을 외로움의 주원인으로 규정했다. 이 원인들은 여성보다 남성이 더 많이 보여주는 특징이라는 부분에서 성별과 관련 있으며, 순차적으로 전개되는 남성 외로움이라는 이야기에서 나름의 역할을 담당한다. 가령 "응석받이 되기"와 "나를 건드리지 마" 식 태도들이 상대적으로 일찍 발현하여 토대를 닦으면, 30대 무렵 "돈과 지위에 대한 집착"이 본격화하고, 이어서 50대 무렵 "정상에서의 외로움"이 엄습하는 형태로 진행된다.

하지만 외로움의 파괴적인 결과에 대한 언급 없이 이 네 과정을, 그리고 남성의 외로움이라는 더 큰 문제를 고찰하기는 매우 어렵다. 건강 영역에서 이미 살펴보았듯이 이로 인한 결과들은 수없이 많고 그 종류도 다양하다. 그것이 정신건강이든 면역기능, 암, 뇌졸중, 심장질환, 심지어 죽음이든 외로움은 강력한 위험요인으로 다가온다.

흡연과 비만 등 다른 위험요인들도 마찬가지라는 반박이 나올 수 있다. 하지만 두 가지 이유에서 외로움은 흡연과 비만 등 명백한 원흉보다도 더 강력하고 부정적인 결과를 건강에 초래한다.

먼저 뇌졸중, 암, 심장질환 등 중대 질병에 관한 연구를 보면 (결과의 설명에 있어) 외로움이 흡연과 비만 요인보다 훨씬 더 강력한 예고기능을 지닌 것으로 확인되었다.[1] 이는 외로움이 가진 파괴력을 입증해 준다.

둘째 요인은 범위와 관계가 있다. 외로움은 자살과 같은 특정 사망 요인을 설명하는 데 있어 흡연이나 비만보다 훨씬 설득력 있다. 또한 질병률과 사망률에서 나타나는 성별 패턴을 설명하는 데에도 무척 유용하다.

- 실패한 위로법

내가 강조하고 싶은 것은 남성이 여성보다 외롭다는 점, 그리고 남성들이 그 외로움을 부채질하는 어리석은 짓들을 일삼지만 어리석음이 근본 문제는 아니라는 점이다. 사실 남자아이와 여자아이, 남성과 여성은 비슷한 지적 수준을 지녔다. "혼자라는 사실을 인지하지 못하는 상태" 형태의 외로움에 붙잡힌 20~30대 남성들조차 그 사실을 전혀 인지하지 못하는 것은 아니다. 하지만 남성들의 외로움 감지기는 여성에 비해 정밀하지 않다. 그럭저럭 작동은 하되 정상 수준은 아닌 것으로서, 마치 자동차의 연료측정기가 연료 양이 반 이상인지 이하인지는 식별하되 그 이상의 정보는 제공하지 못하는 것과 같다.

이처럼 제대로 작동하지 못하는 남성들의 외로움 감지기는 치명적인 결과를 초래한다. 남성들은 어렴풋이 문제가 있다는 걸 인식하지만 희미한 처방으로 대응할 뿐이다. 나는 이를 "실패한 보상"이라는 용어로 부르겠다. 실패한 보상이란 건강문제 외에도 외로움으로 인해 특히 남성들에게 발생하는 수많은 부정적 결과들을 가리킨다. 외로움이라는 감정에 손을 써보려는 여러 시도들은 애초에 방향이 잘못 잡힌 탓에 문제를 해결하기보다 오히려 악화시키기 십상이다. 게다가 몇몇 실패한 보상들은 방향이 잘못 잡혔다기보다 열의가 없이 미적지근하다는 문제점을 지닌다. 하지만 이들은 제대로 발현된다면 실행가능한 해결책이 될 수 있다는 의미이기도 하다. 이에 대해서는 7장과 8장에서 집중적으로 다루겠다.

## 골프와 나스카 시청, 패거리 정신의 대리 충족

패거리 정신은 남성 행복의 필수 요소다. 남성들은 무리 속에서 진화했으며 아직도 무리의 일원이어야 할 필요가 있다. 저명한 생물학자 E.O. 윌슨E.O. Wilson은 "사람들은 하나의 부족에 소속되어야 한다."[2]라고 말했다. 남성들의 문제는 자신의 패거리로부터 동떨어져 나오는 성향을 보인다는 데 있다. 언뜻 이상하게 들릴지 모르지만 바로 그것이 남성이 텔레비전을, 그중에서도 특히 골프와 나스카 같은 스포츠를 즐겨 보는 이유다.

생전에 외로움과 연이 깊었고 결국 자살로 목숨을 끊은 소설가 데이비드 포스터 월러스David Foster Wallace는 에세이 《내가 다시는 하지 않을 소위 재미있는 일*A Supposedly Fun Thing I'll Never Do Again*》에서 "외로운 사람들은 집에서 홀로 경관과 풍광, 그리고 함께할 벗을 희구한다. 그래서 텔레비전을 켠다."[3]라고 썼다. 나는 여기에 외로운 남성들은 집에서 홀로 패거리의 재구축을 희구한다고 덧붙이고 싶다. 그래서 나스카와 골프 중계를 보는데, 이에 대한 흥미와 매료는 남성들에게 패거리 정신의 대리 경험을 선사한다(이 시도는 자연히 실패하며 또 실패할 수밖에 없는 운명이다). 생각해보라. 남성들은 풋볼, 농구, 야구 등 수많은 종류의 스포츠를 본다. 그런데 골프와 나스카라? 그것들은 대학교나 시를 대표하는 팀들이 있는 전통적인 단체 종목이 아니며 그렇다고 액션 스포츠도 아니다.

나스카가 남성에게 어필하는 첫 번째 이유는 위대한 패거리들로 이루어졌기 때문이다. 이 패거리에서 가장 두드러지는 존재는 단연 드라이버이지만 다른 멤버들도 곳곳에서 눈에 띈다. 자동차와 드라이버의 복장은 후원업체의 상표로 도배되어 있고, 레이스 지원팀은 몇 초간의 중대한 액션에 뛰어들 만반의 준비를 하고 기다린다. 주변에는 경쟁 상대인 다른 위대한 패거리와 장비들이 도처에 널려 있다. 나스카의 장비들은 정말로 근사하다(지원팀이 일하는 모습을 한번 보라). 바로 여기서 위대한 남성 패거리의 세 가지 요소를 찾을 수 있다. 서로를 좋아하고 존경하는 다른 남성들, 비교대상으로 삼아 스스로를 정의하고 또 맞서 경쟁할 다른 패거리들, 그리고 장비들이다. 골프선수들 또한 절대 혼자 다니지 않고 캐디caddy라는 지원팀과 같이 한다. 함께 경쟁할 다른 골프선수와 그들의 지원팀도 있다. 골프선수의 후원업체 광고는 나스카처럼 요란하진 않지만 모자와 셔츠 그리고 근사한 최신장비가(거기에다 클럽까지!) 그득한 골프백 위에 반드시 붙어 있다.

텔레비전 시청 대신 실제 골프를 치는 거라면 친구들과 유대를 강화할 가능성이 잠재한다. 그런데 몇몇 선진국에서 골프 중계 시청률이 올라가는 반면 골프를 치는 인구가 줄어드는 현실은 시사하는 바가 크다.[4]

다른 스포츠에도 경쟁과 동지애, 후원업체와 장비들은 있다. 하지만 그것들은 경기 자체에 가려진다. 반면 상대적으로 덜 떠들썩한 골프와 나스카는 한 사람과 그의 팀 그리고 장비들로 집약되면서 외로운 남성의 영혼을 달래주는 대리 효과가 크다. 그것들은 지난 세월 동안 상실해버린, 그리하여 어떻게든 다시 구축하고픈 남성 패거리 문화의 대용물이다. 여기서 주장하는 핵심은 골프와 나스카 자체에 문제가 있다기보다 패거리 문화의 보완재가 아닌 대체재로 사용될 때 외로움과 관련한 문제들이 발생한다는 점이다.

우리 집에서는 다분히 전형적이라 할 만한 긴장이 정기적으로 조성된다. 아내는 나의 스포츠 중계 시청을 이해하지 못하고, 나는 아내의 드라마 시청을 납득하지 못한다. 둘 다 무의미하고 생각 없는 행위라는 점은 나도 인정한다. 아내는 자신이 5년 전에 시청한 드라마의 줄거리는커녕 제목조차 떠올리지 못하고, 나 또한 내가 좋아하는 풋볼팀이 단 한 번 슈퍼볼에 진출했을 당시 뛰었던 선수들의 이름을 고작 두셋 기억하는 정도이니까. 그럼에도 불구하고 드라마와 스포츠 시청에 성차가 존재하는 이유는 무엇일까? 나스카를 일컬어 "남성들의 드라마"라고 부르는 걸 들은 적이 있다(나스카 팬이 누리는 즐거움 중 일부는 레이스가 시작되기 며칠 전부터 지원팀의 근황 이야기를 찾아듣는 것이다). 나는 그것이 적절한 묘사라고 생각하지 않는다. 내가 보기에 남성과 여성이 각각 스포츠와 드라마에 빠져드는 현상은 대부분의 여성이 본질적으로 인생을 사람과 연관시킨다는 점, 반대로 수많은 남성들은 패거리를 희구하며 외롭게 살아간다는 점 때문이다. 드라마는 사람들이 많이 등장하고 인간관계의 안팎을 다룬다. 반면 나스카와 골프를 포함한 스포츠는 패거리 정신과 경쟁을 논한다.

남성의 외로움을 줄이기 위한 방안으로 경쟁적인 일을 멀리 하라고 권고하는 사람들이 있다. 〈워싱턴 포스트 Washington Post〉는 심리학자 마이클 애디스Michael Addis의 충고를 담은 다음과 같은 기사를 게재했다. "애디스 박사는 소프트볼 리그나 포커 게임의 밤 대신 (또는 그것에 더해) 독서클럽이나 야외활동 동아리 같은 그룹에 가입하라고 제안한다.[5] 이를 통해 개인적 신상문제에 대해 의미 있는 일대일 대화를 나눌 기회를 얻을지도 모른다." 얼핏 타당한 충고처럼 보인다(책의 뒷부분에서 남성 외로움 해결책의 한 요소로서 야외활동이 지니는 특별한 힘에 대해 살펴볼 예정이다). 하지만 소프트볼과 포커는 왜 들먹거렸을까? 왜 "독서클럽 대신 (또는 그것에 더해) 소프트볼을 하라."고 말하지 않았을까? 대다수 남성들은 누가 떠밀지 않더라도 어차피 소프트볼을 할 것이기 때문에?

하지만 나는 단체 스포츠를 남성용 강장제쯤으로 격하시키는 주장에 동의하지 않는다. 먼저, 개인의 신상문제에 대한 일대일 대화가 스포츠에서 일어나지 않는다는 애디스 박사의 암시는 틀렸다. 단체 스포츠는 일대일 교류를 가능하게 만든다. 내가 지난 수년간 축구팀 친구들과 나눈 대화만 해도 여러 차례다. 통상적인 예를 들자면, 팀 동료들이 뛰고 있을 때 우리는 벤치에서 가족을 소재로 대화를 나누기 시작했다. 나는 열네 살 어린 나의 "꼬마" 여동생이 곧 결혼할 예정이며 결혼식장에서 그녀를 신랑에게 인계할 기대에 부풀어 있다는 이야기를 꺼냈다. 그들 중 하나가 왜 내 아버지가 하지 않느냐며 의아해했고, 나는 돌아가셨다고 대답했다. 다른 하나가 "심장마비로?" 하고 물었고, 나는 "아니, 자살하셨어." 하고 응했다.

누군가는 이 대화가 특별한 변화를 불러일으키기에는 너무 피상적이거나 짧다고 생각할지 모른다. 잘못된 생각이다. 그들과의 소통은 내가 아버지의 죽음을 받아들이는 데 커다란 도움을 주었다. 또한 이 대화는 친구들 각자가 (내 아버지에 대해서뿐 아니라) 자신이 겪어야 했던 고통스러운 상실감을 떠올리게 했고, 우리는 서로에게 연민을 느낄 수 있었다. 이 모든 상황은 우리가 경기장에 다시 나가기 전 몇 분 사이 혹은 경기가 끝난 뒤 술을 마시거나 포커 게임을 할 때 일어날 수도 있다. 진솔한 일대일 대화가 경기 후는 물론이고 경기가 진행되는 동안에도 가능하다는 말이다. 확언하건대 친구들과 내가 직접 경기에 참여하는 대신 관람할 때 효과는 몇 갑절로 뛰어오른다. 독서클럽 같은 곳에서 비슷한 대화를 나눌 수 있을지 나는 확신이 서지 않는다. 어쩌면 독서클럽 참여를 설득하는 것 자체가 벌써 장벽이 되지는 않을까. 아이러니한 것은 친구들과 내가 플로리다 주립대학교의 풋볼이나 야구경기를 관전할 때는 심심찮게 책에 관한 얘기를 나눈다는 사실이다.

둘째, 단체 스포츠는 남성에게 가장 능숙한 종류의 사교행위를 가능케 하는 장이다. 사실 일대일 교류는 남성이 강점을 보이는 영역이 아니다. 대신 그들은 "낯선 이와의 사교"에 익숙하다. 이 사실은 세 가지의 연구결과를 통해 알 수 있다.

첫 번째 실험이다. 실험 참가자들이 하나의 실험실에서 다른 실험실로 이동하는 도중 복도에서 심한 고통에 괴로워하는 사람과 마주친다. 사실 실험 공모자로서 고통스러운 척 연기하는 것이다. 참가자들은 어떻게 반응할까? 반응은 참가자들의 성별과 일부 관련이 있다. 어쩌면 놀라울 수도 있는데 평균적으로 남성 참가자가 여성 참가자에 비해 고통스러워하는 사람에게 더 적극적으로 도움을 주었다. 실험실 외의 실제 환경에서도 마찬가지다.

나는 자살행동에 관한 연구와 강의를 통해 자살의지를 확실하게 굳

히고 실행에 옮긴 사람들이 마지막 순간에 구조되는 장면이 담긴 비디오테이프를 다수 수집했다. 그중에서도 보안카메라에 포착된 어느 이스라엘 여인의 모습은 특히 애처롭다. 그녀는 철로 위에 올라서서 달려오는 기차 앞에 무릎을 꿇은 채 시선을 돌린다. 마지막 순간 고개를 쳐든 그녀는 수천 톤의 쇳덩어리가 자신을 향해 질주해오는 것을 보고 죽음의 공포에 사로잡혀 몸을 뒤로 던진다. 기차가 달려오는 몇 초 동안은 눈을 뜨고 비디오를 보기가 어렵다. 하지만 기차가 떠난 후 여인이 멀쩡한 모습으로 자리에서 일어나 걸어간다. 조사결과 여인은 가벼운 상처 하나 입지 않았던 것으로 드러났다.

이 비디오가 보여주는 것이 더 있다. 그녀가 철로로 다가갈 때 그녀에게 손짓하며 소리치고 도우려는 사람들이다. 이 타인들은 모두 남성이다. 다리에서 투신자살을 시도하려던 사람이 낯선 선인善人의 저지로 살아남는 장면을 담은 비디오도 많은데, 이 낯선 선인들 역시 모두 남성이다. 2011년 1월 조지아 주에서는 야간에 운전 중이던 한 여성이 빙판에 미끄러져 연못에 빠지는 사건이 일어났다. 차는 빠른 속도로 가라앉았고 수영을 못하는 이 여성은 공황 상태에 빠져들었다. 그때 차가 완전히 가라앉기 전 한 낯선 사람이 나타나 그녀를 구조했다. 그는 경찰관이나 구급대원이 아니었다. 그저 여성의 차가 연못으로 미끄러져 들어가는 장면을 목격한 운전자였다. 그 역시 남성이었다. 유명세나 돈에는 관심없어 보였고, 경찰은 그의 이름을 "조Joe(신원 미상의 남자에게 붙이는 평범한 이름 중의 하나. —옮긴이)"라고만 기록했다.

공공장소에서 낯선 사람을 도와주는 주인공은 남성일 가능성이 높다. 그 이유를 설명하기 전에 주제는 좀 다르지만 유사한 결과를 보여주는 두 가지 사례를 더 들어보자. 뉴욕 시 지하철에 관한 조사에 착수한 심리학자 스탠리 밀그램과 그 연구진은 낯선 사람들에게 접근해 아무런 사전예고나 설명 없이 "실례지만 앉아계신 그 자리에 제가 좀 앉아도 될까요?"[6] 하고 물었다. 뒤에서 확인하겠지만 놀랄 만큼 많은 사람들이 이 요청에 응했다. 여기서도 일단 여성보다 남성의 수가 훨씬 많았다고만 밝혀두자. 낯선 사람의 요청에 대해서는 남성들의 반응이 더 높다.

한편 심리학자 마크 판 퓌흐트Mark Van Vugt와 그 동료들은 남성과 여성의 "공익" 게임 참가 여부에 영향을 미치는 요소들을 주제로 연구를 실시했다.[7] 실험에서는 대학생들에게 적은 액수의 돈을 그냥 갖거나 다른 학생들과 공동으로 모의 투자사업에 거치하는 선택이 주어졌다. 만일 3분의 2 이상이 공동출자를 선택하면 거기에 참여하지 않은 학생들까지 당초 수령액의 두 배를 받게 된다는 조건이 붙었다. 또 참가자의 절반에게는 이것이 다른 맞수 대학과의 경쟁이라는 언질을 주었다. 경쟁이라는 언질을 받지 못한 학생의 경우 공동출자에 참여한 수는 남녀 간 차이가 거의 없는 반면, 경쟁이라고 믿은 나머지 학생들의 경우 공동출자에 참여한 남학생의 수가 여학생보다 훨씬 많았다. 경쟁구도 하에서 92퍼센트의 남학생이 공동출자를 선택한 반면 여학생의 참여도는 53퍼센트에 그쳤다.

위의 조사결과들은 남성이 여성보다 고통에 처한 사람을 많이 돕고 낯선 사람의 요청에 협조적임을 드러낸다. 또한 남성이 여성보다 공익을 위해 손을 맞잡는 경향이 높다는 사실도 보여준다. 이러한 일련의 행위들은 모두 "낯선 사람"과의 관계맺기라는 공통점을 지닌다.

이것이 남성의 외로움 자체를 해결할 만큼 강력하지는 않더라도, 긴밀한 친구관계로 가는 중간역으로서의 역할은 할 수 있을지 모른다.

NPR 방송의 '모닝 에디션Mordnig Edition' 프로그램에 소개된 한 남성이 그 좋은 예가 될 것 같다. 이 남성은 25년 전쯤 추수감사절을 맞으며 딜레마에 빠졌다. 최근 이혼한 부모 중 아버지 집으로 가서 어머니와 소원해지느냐, 아니면 어머니 집에 가서 아버지를 불쾌하게 만드느냐에 대한 고민이었다.[8] 물론 이 딜레마에 대한 해결책이 아주 없지는 않았다. 동전을 던져 양쪽 부모와 번갈아가며 추수감사절 연휴를 보내느냐, 다른 친척 혹은 친구 집을 찾아가 저녁을 얻어먹느냐, 아니면 홀로 집에서 보내느냐를 결정하는 것이었다. 아마 남성 대부분은 마지막 방안을 선택할 것이다. 하지만 낯선 사람들과 관계맺기 경향을 반증하듯 이 라디오 프로그램의 남성은 다른 방안을 고안해냈다. 추수감사절 만찬에 12명을 초대한다는 광고를 지역신문에 낸 것이다. 반응은 뜨거웠고, 이 만찬은 전통적인 연례행사로 자리잡았다. 그는 2009년에 무려 84명을 위해 식사를 준비했고, 이듬해에도 그 정도의 숫자를 예상하고 있었다. 거듭 말하지만 "낯선 사람"과의 관계맺기는 아마 그 자체만으로 남성의 외로움을 치유하기에는 밀도가 너무 낮다. 하지만 추측건대 라디오 프로그램에 나온 이 남성은 추수감사절 만찬에 초대한 사람 중 최소한 몇몇과 지속적인 친구관계를 맺었을 것이다. 적어도 "낯선 사람"과의 관계맺기가 더욱 친밀한 친구관계라는 목표에 이르게 해줄 수단으로서 기능한 셈이다.

다시 단체 스포츠라는 주제로 돌아가보자. 남성의 사회성은 다양한 "낯선 사람" 연구에서 살펴보았듯이 분산되어 있고 그 형태도 다채롭다. 이를테면 방목과도 같다. 단체 스포츠는 이에 알맞은 무대를 제공한다. 공동출자 조사가 보여주듯 경쟁은 남성들 사이에 분열을 낳고 적의와 분노를 조장하기는커녕 긍정적인 화합을 불러올 수 있다.

홀로 골프나 나스카 중계를 시청하는 것 따위가 사람 사이의 진정한 유대를 대체하기에는 역부족이다. 실패 요인을 두 가지 들어보자. 우선, 텔레비전으로 무엇을 본다는 것은 타인과의 실제 교류가 없기 때문에 근본적으로 대리 경험이라고 할 수 있다.

이 맥락에서 시카고 대학교가 35년에 걸쳐 미국인 4만 5,000명을 대상으로 실시해 최근 발표한 연구결과를 보면, 열 가지 안팎의 일상적 행위 중 행복한 사람이 불행한 사람들보다 시간을 덜 소비하는 유일한 행위가 텔레비전 시청이었다.[9] 한 연구원의 말이다. "행복한 사람들이 참여하는 8~10개의 행위들을 살펴본 결과, 지인 집 방문이나 교회 출석 등 거의 모든 행위들을 많이 하는 사람일수록 더 행복한 것으로 드러났다. 반면 불행한 사람들이 행복한 사람들보다 텔레비전을 더 많이 시청했다."[10]

남자들이 나스카와 골프 중계를 보는 또 다른 이유는 두 스포츠가 지닌 매혹과 관계가 있다. 그 매혹의 한 부분은 앞서 살펴본 대로 패거리 정신이다. 하지만 남성들이 이 스포츠에 제대로 매료되는 지점은 그들이 표상하는 거친 개인주의다. 이 종목들은 "일대일 정면대결"이다. 실제로 이 표현은 나스카나 골프 중계 해설자들이 자주 사용하는 말이기도 하다. 그러니까 남성들은 두 종목이 개인주의를 보존하고 예찬하기 때문에 매료되는 동시에, 이 개인주의를 패거리 정신의 맥락 안에 놓기도 하는 것이다.

- 술이라도 마셔야 편해질 것 같아서

　남성들은 패거리를 원하지만, 나이가 들면서 그 패거리를 잃기 쉽다. 그들은 나스카와 골프 등을 보상책으로 삼고 술을 마신다. 남성들이 스카치에 관해 토론하고 구매하는 일련의 행위에서 드러내는 관심과 지식에는 장비를 다루는 것과 같은 측면이 있다. 하지만 혼자 텔레비전으로 골프 경기를 시청하는 일은 다른 사람들과 어울리면서 직접 하는 것과 차이가 있다. 친구들과의 골프 치기는 문제를 해결하거나 최소한 경감시켜주는 반면 혼자 텔레비전으로 보는 행위는 그렇지 못하다. 마찬가지로 친구들과 함께 술을 마신다면 다소 도움이 되겠지만 혼자 마시는 것은 역효과가 나기 쉽다.

　물론 음주는 전통적으로 사회의 여러 영역에서 비난의 표적이 돼왔고, 거기에는 그럴 만한 이유가 있다. 알코올은 극단적일 경우, 사람을 죽음에 이르게 한다. 하지만 그것을 금지한 사례는 명백한 재앙이었다. 미국의 금주법이 오히려 알코올 소비증가를 초래한 사실이 그 근거다. 독주 밀매가 막대한 이윤을 가져다주었고 더 많은 알코올이 인기리에 유통되었다. 폭력배들이 장악한 주류 암시장은 활개를 쳤고 그들은 세금 한 푼 내지 않은 채 엄청난 이윤을 챙겼다.

　과음만 하지 않는다면 적당한 음주는 해라기보다 득일 수 있다. 실험실과 일상에서의 증거들이 이를 입증한다. 적당한 음주는 과음이나 금주에 비해 건강에 이롭다는 의견이 점차 대세를 이루고 있다.

　나는 완전한 금주를 실행했다가 매우 불행한 결과를 맞은 몇몇 사람들을 알고 있다. 시인 존 베리먼John Berryman과 소설가 잭 런던은 각각 술을 끊은 시점으로부터 몇 주 혹은 몇 달 후 자살로 생을 마감했다. 금주는 그들의 행복감을 높여주기는커녕 사회적 고립을 가중시킴으로써 오히려 사태를 악화시켰던 것 같다. 우울증에 관한 날카로운 통찰이 빛나는 회고록 《보이는 어둠Darkness Visible》을 쓴 윌리엄 스타이런William Styron 또한 이와 비슷한 과정의 체험담을 들려준다. 언젠가부터 갑자기 그리고 술을 마시면 불가해하게 몸이 아프기 시작하자 그는 금주라는 합리적인 결단을 내렸다. 하지만 그 직후 우울증이 시작되었고 이로 인해 목숨을 잃을 지경에 이르렀다고 고백한다. 임상환경에서도 나는 스타이런과 비슷한 경험을 한 심리치료 환자들을 종종 만났다.

이 사례들은 음주가 사교에 미치는 영향을 반증한다. 알코올은 사교를 촉진하고 일시적으로나마 외로움을 감소시킨다. 어떤 사람들에게서 알코올을 제거하고 나면 사교에 대한 욕구가 급격히 떨어지고 곧이어 외로움과 그로 인한 수많은 악영향들이 함께 몰려든다.

요점은 알코올에 대한(또는 아내에 대한) 의존이라기보다 "과도한" 의존이다. 알코올은 부분적으로 긍정적인 기능을 하지만 모든 사회적 유대가 술에 의존한다면 그 위험은 너무나 명백하다.

알코올은 부분적으로 총기가 지니는 매혹과 비슷하다. 총과 마찬가지로 알코올은 "내 일은 내가 관리한다." 류의 태도, 위험성 그리고 장구한 역사와 수많은 유형·산지·용법(예를 들면 "흔들어 마시거나 저어서 마시거나"와 같은)을 갖는다. 음주는 남성들이 어렴풋하게 느끼기 시작한 모호한 외로움을 경감시키면서도 자립이라는 태도를 유지할 수 있게 해준다. 때문에 골프와 나스카 TV 중계처럼 많은 남성들에게 잠재적 해결책으로 여겨질 수 있다. 하지만 외로움이 지나친 음주로 이어지고, 그것은 다시 더욱 심각한 외로움으로 이어지는 악순환을 낳을 수 있다.

•
## 총에 대한 이상한 집착

한 대중잡지의 설문조사 결과 20세 남성과 50세 남성 사이에 큰 차이가 나타나지 않은 항목은 총기에 대한 태도였다. 두 그룹 모두에서 총기 규제에 대한 긍정적인 답변은 절반에 못 미쳤다.[11]

남성들은 마치 사냥에 나선 수천 세대 이전의 조상들처럼 총을 애호한다(알코올과 마찬가지로 어느 정도 효력이 있기는 하다. 총은 장비이자 동지애, 경쟁의 도구가 되는 등 몇 가지 요소를 갖췄기 때문이다). 하지만 최악의 경우 그들은 자신을 향해 그 총을 쏠 수도 있다. 남성들, 특히 노년 남성들의 경우 총상으로 인한 자살률이 대단히 높다.

젊은 나이에 세상을 뜬 록밴드 너바나Nirvana의 리더 커트 코베인Kurt Cobain의 삶과 죽음은 남성과 총기 사이에 존재하는 관계의 단면을 잘 보여준다. 코베인은 총기 소유에 취미를 들여 친구들과 사격연습장에서 즐겨 시간을 보냈다. "취미를 들이다."라는 표현은 그에게 참으로 적절하다. 그는 열세 살 무렵에만 해도 총이란 야만적인 것이라고 생각해 전혀 관심을 두지 않았다. 하지만 계속 총을 접하면서 차츰 혐오감이 사라지고 애호가로 바뀌었다. 이 과정은 커피나 담배 또는 지독하게 매운 음식을 몹시 싫어하던 사람들이 중독에 빠지는 현상과 비숭하다. 코베인을 비롯한 많은 사람에게 총은 즐거운 취미생활이자 같은 취향을 지닌 사람들과 연결시켜주는 활동을 의미했다. 불행하게도 깊은 단절과 소외의 시간 속에서 그는 총을 스스로에게 겨누었으며, 그 결과 1994년 스물넷이라는 나이에 사망했다.

코베인과 같은 사람들의 총에 대한 시각은 보통 남성들이 장비와 자동차를 보는 시각과 동일하다. 그것들이 매혹적인 이유는 여러 가지다. 먼저 고도의 목적 지향성을 갖춘 물건들로서 자기를 표출하는 방편이자 지위를 상징하는 물건이 되기도 하며, 날카롭고 위험한 측면을 내포한다. 또한 하위문화집단 속에서 동료 마니아들과 함께 몰입함으로써 유대를 맺을 수 있는 기회를 제공한다. 이러한 유대관계가 오래 지속될 수도 있지만 자칫 무너지는 날에는 스스로에게 총을 겨누듯 남성들이 자해 도구로 사용하는 일 또한 드물지 않다. 칼이나 기타 장비로 스스로를 찌르기, 차고에서 목매달기, 자동차에서 일산화탄소에 중독되기 그리고 의도적으로 자동차사고 유도하기 등등으로 인한 자살은 총, 장비, 자동차가 몰입과 유대의 수단에서 죽음으로 둔갑하는 사례들이다.

장비에 대한 남성들의 관심은 판에 박힌 이미지로 치부될 수도 있다. 그럼에도 거기엔 진실이 숨어 있다. 클린트 이스트우드의 영화 〈그랜 토리노Gran Torino〉에서 주인공은 장비로 가득 찬 차고를 갖고 있다. 그는 이 장비들 자체를 즐길 뿐만 아니라 그것들에 대한 지식을 (또한 실제 장비 몇 개를) 이웃 소년에게 전달해주는 데서 환희를 느낀다. 내가 개인적으로 아는 사람들 중에도 이 장면에 꼭 들어맞을 인물이 여럿 된다.

이런 맥락에서 "남자들을 만날 수 있는 열 가지 괴상한 장소들."이란 제목의 기사를 예로 들어보자.[12] 여성들에게 남성에 관한 흥미로운 사실을 알려주는 이 기사는 다음과 같이 시작된다. "윌리엄스 소노마Williams-Sonoma(미국의 유명 주방용품 전문점. —옮긴이)에서 식기깔개를 고르는 근사한 남자를 만났다는 여자에 대해 들어본 일이 있는가? 나는 못 들어봤다." 기사가 추천하는 첫 번째 괴상한 장소는 동네 철물점이다. "동네 철물점은 모든 남자들이 모이는 장소다. (…) 장비들에 둘러싸여 있을 때면 어떤 남자든 남성적인 측면을 드러낸다. (…) DIY 프로젝트에 대해 그의 의견을 구해보라('대형 거울을 벽에 걸기 위해서는 특별한 고리를 써야 하나요?')." 철물점에 이어 두 번째로 괴상한 장소는? 바로 골프연습장이다. 그곳에서 남자들에게 어떻게 접근할지에 관한 충고도 함께 제시된다. "가장 가까운 거리에 있는 제일 잘생긴 남자에게 골프클럽 쥐는 법에 관해 시범을 보여달라고 부탁하라."

### ● 여자를 만나면 달라질까?

남성들은 실패가 예정된 또 하나의 보상책으로 혼외정사를 시도하곤 하는데, 이것 역시 이혼율 상승의 주요인이 되는 일시적이고 파괴적인 가짜 해결책에 지나지 않는다. 〈에스콰이어〉 지의 "남성보고서"에 따르면 20세 남성보다 훨씬 더 많은 수의 50세 남성이 이혼에 관한 다음 말에 동의를 표했다. "옳고 그름의 문제가 아니라 선택사항일 뿐이다."

알코올과 마찬가지로 섹스는 강력한 기분전환을 가져다준다. 또한 행위 자체만으로도 (친밀한 관계가 아닐 경우에도) 일종의 유대 형성이 가능하다. 하지만 정서적 친밀감이 없는 섹스는 잠시 격렬했을지언정 덧없이 사라져버리는 관계에 불과하다. 그 격렬함은 본질을 은폐한 채, 성욕 해소나 성적 정복과 같은 자기중심적 만족과 관계에 대한 일시적인 환상을 심어준다. 악화하는 외로움을 해결하기 위해 진실하고 지속력 있는 관계가 동반되지 않은 섹스에 매달리는 것은 알코올 의존과 마찬가지로 실패로 끝나게 마련이다. 그것은 연이은 혼외정사로 이어져 배우자와의 관계는 물론이고 가정 전체를 파괴한다.

남성은 여성에 비해 이혼이나 사별 후의 삶을 훨씬 더 힘겨워한다. 최근 아내와 사별한 한 남성이 내게 한 말이다. "내 남자 친구들은 도무지 무엇을 해야 할지 그리고 무슨 말을 해야 할지 모르는 것 같아요. 여자들은 그런 일이 일어나면 서로 주변에 모여들어 도와주는 것 같은데 말이에요. 나에게도 그런 친구들이 있었으면 좋겠어요."

남성 외로움의 근본 원인 중 하나는 무언가 문제의 발생은 감지하지만 그 심각성을 제대로 깨닫지 못한다는 것이다. 그러고는 참으로 안타깝게도 임시방편적인 해결책에 매달린다. 텔레비전으로 골프나 나스카 중계 시청하기, 과도한 음주, 총기에 대한 이상한 매료, 혼외정사 등이 그런 예이다. 하지만 이 위안들은 결국 도피처로만 남을 뿐, 현실의 문제를 해결해주지 못한다는 점을 명심해야 한다.

3부
# 여기서 되돌릴 수 있다면

7장

# 지금, 여기서 할 수 있는 일

남성의 외로움이 초래하는 이 암울한 사태에 과연 희망이 있을까? 윌리엄 포크너William Faulkner는 1950년대 후반 버지니아 대학교에서 거주 작가로 근무했다(그는 이 기간 동안 강연 요청을 받을 때면 자신은 거주 작가일 뿐 강사는 아니라고 말하면서도 감동적인 강연을 들려주곤 했다). 강연 후 질의응답 시간에 한 젊은 여성이 "선생님은 인간의 마음속 비밀에 관해 쓰신다고 하는데요. 인간의 마음에 대한 진리가 있나요?" 하고 물었다. 포크너는 잠시 머뭇거린 뒤 "음, 그건 거의 형이상학적인 질문이군요."라고 입을 뗐다. 잠시 말을 멈추고 생각에 잠긴 그는 한층 더 진지한 어조로 "인간의 마음에 대한 진리가 있다면, 그건 마음 자체에 대한 신뢰, 즉 지금보다 더 나아지기를 갈망하는 능력에 대한 신뢰라고 말하고 싶어요."[1]라는 답변을 내놓았다.

포크너가 그 질문에 관해 깊이 생각해본 일이 없어 머뭇거린 건 아니다. 젊은 여성이 지적했듯 그의 소설은 바로 이 같은 질문에 답하기 위해 씌어졌기 때문이다. 뿐만 아니라 그는 이미 몇 년 전 스톡홀름에서 노벨상을 수상할 당시 다음과 같이 소감을 밝힌 바 있다.

> 인간은 단지 견뎌낸다는 것만으로도 불멸의 존재라고, 붉게 물들어 사위어 가는 마지막 저녁, 쓸모없는 돌조각으로부터 종말의 마지막 종소리가 울리다 사라지는 때조차 인간의 지칠 줄 모르는 작은 목소리가 남아 있다고 말하기는 너무 쉽습니다. 나는 이를 거부합니다. 인간은 견뎌내는 데 그치지 않고 그걸 넘어서 승리하리라 믿습니다. 인간은 모든 생명체 중 유일하게 지치지 않는 목소리를 가져서가 아니라 영혼을, 연민과 희생과 인내의 능력이 깃든 정신을 지녔기 때문에 불멸합니다. (…) 작가의 특권이란, 인간 자신의 마음을 고양시킴으로써, 과거의 영광을 상기시킴으로써 견뎌내도록 돕는 것입니다.[2]

포크너 같은 예술가들의 작품은 인간의 영혼과 심성을 고양시켜 외로움에 능동적으로 대처하는 방법, 즉 연민과 희생과 인내의 능력을 배양하도록 돕는다. 하지만 고급 예술은 이 책에서 다루는 남성의 외로움에 대한 해결책이 아니다. 현실적으로 소수에게만 제공될 뿐더러, 작품을 제대로 즐길 수 있는 사람 또한 극소수이기 때문이다. 따라서 외로운 성에 대한 해결책은 포크너가 제시한 연민과 희생 같은 진리의 배양을 시도하되 보편적인 남성들을 대상으로 삼아야 한다.

심리학자 앨런 캐즈딘Alan Kazdin도 이와 유사한 결론에 도달하고 있다. 그는 양질의 정신건강 서비스를 널리 보급하는 문제와 관련해 통상적인 정신건강 치료법이라 할 개별 심리치료가 지나치게 "엘리트"[3]

적이라고 규정했다. 그는 "도움이 필요한 사람들 특히 소수인종, 농촌 거주자, 노약자, 아동 등을 배제한 채 극소수의 부유한 환자만을 치료하는 것이 목표라면, 우리는 지금 아주 잘하고 있다."고 냉소했다.

이와 대조적으로 효과를 발휘할 가능성이 있는 접근법은 사람들이 서로를 돕도록 하는 것이다. 캐즈딘은 이어서 말한다. "인터넷 프로그램이나 스마트폰 앱 등은 지역에 구애받지 않고 많은 사람들에 닿을 수 있다. 가령 청소년에게는 사춘기 또래들이 심리치료사와 맞먹는 도움을 줄 수 있다. 사무실이나 학교, 상점과 같은 일상적 환경 속에 전파되는 메시지들이 새로운 중재자 역할을 할 수 있다." 기사는 "왜 일상적 환경에서 사람들을 치료하느냐고?" 묻고는 이렇게 대답한다. "바로 거기에 정신병이 존재하므로." 나는 여기에 "또 바로 거기에 사람들이 있으므로."라고 덧붙여도 좋았겠다는 생각이 든다.

이는 예술에 관한 앞의 언급과 비슷하다. 문제는 예술 자체가 아니었듯 심리치료 자체도 아니다. 진짜 문제는 접근과 전파에 있다. 남성들이 심리치료에 참가하거나 예술 수업을 듣거나 박물관 견학을 떠나야만 하는 해결책들은 결코 넘어서지 못할 장벽을 안고 출발하는 셈이다.

남성의 외로움을 경감시킬 희망은 과연 있는가? 나아가 남성의 두뇌에는 외로움과 그를 유발하는 경향이 내재돼 있는가? 첫 질문에 대한 답은 "그렇다."이고, 두 번째 질문에 대한 답은 "아니다."이다. 심리학자 그렉 해지캑Greg Hajcak과 그 동료들이 발표한 일련의 연구결과들은 두 번째 질문에 관해 유익한 정보를 전한다.[4] 연구진은 사람들에게 다양한 자극, 특히 정서적 내용이 포함된 시각적 자극이 가해질 때 두뇌가 방출하는 즉각적인 전기신호를 분석했다. 이 신호들은 매우 신속히 기록되기 때문에 의식적인 사고가 개입할 만한 시간적 여유가 거의 없다. 따라서 원초적인 반응에 가까운 결과를 얻을 수 있다. 실험 결과 영상에 무정물 대신 사람이 나올 때 실험 대상자들의 두뇌가 방출하는 전기신호는 크고 뚜렷해졌다. 두뇌가 관심을 보인다는 뜻이다. 두뇌는 무정물을 담은 영상들이 흥미롭고 다채로울 때조차 사람이 나오는 영상에 더 많은 관심을 보였다.

연구진은 사람이 나오는 영상을 내용에 따라 성적 영상, 양육하는 영상, 흥겨운 영상 등 세 가지로 나누었다. 가령 성적 영상은 이불 속에서 성행위를 하고 있음이 분명해 보이는 남녀의 모습을, 양육하는 영상은 어머니가 아기를 보살피는 장면을, 그리고 흥겨운 영상은 물보라를 일으키며 파도타기를 하는 사람의 클로즈업 사진을 담았다. 우리 두뇌는 어떤 종류의 영상에 가장 강력하게 반응할까?

이 연구로부터 매우 주목할 만한 두 가지 결과를 도출했다. 첫째, 두뇌는 성적 영상과 양육하는 영상에 비슷한 수준으로 높게 반응하며, 흥겨운 영상에 대한 반응은 그보다 낮다. 두뇌를 생존을 위한 필수적인 장치라고 볼 때 수긍되는 결과다(자신의 유전자를 후세에 전달한다는 진화론적 측면에서의 생존을 말한다). 번식과 양육은 스카이다이빙이나 파도타기에 비해 진화론적으로 더욱 중요한 자극이기 때문이다. 둘째, 이 연구에서 성차는 발견되지 않았다. 더 자세히 말하면 두뇌가 보이는 즉각적·원초적 반응에서는 성차가 없었지만, 각 영상에 대한 내재적인 관심을 평가해달라는 요청에 대해서는 남녀가 다소 다른 반응을 보였다.

이 같은 실험에 참가한 전형적인 19세 남자 대학생을 한번 상상해 보자. 그는 이것이 어떤 실험인지 사전설명을 듣고 취지를 숙지했다는 참가동의서에 서명할 것이며 실험기기(전극모)를 착용하는 등 실험 준비를 할 것이다. 실험기기가 씌워지고 어머니가 아기의 눈을 들여다보는 영상이 나타난다. 어머니도 아기도 미소를 짓고 있다. 불과 몇 초 사이에 기계장치는 이 영상에 대해 대학생의 두뇌가 방출하는 반응을 기록한다. 양육하는 영상의 경우가 대개 그렇듯 건강한 반응이다. 몇 초 뒤 연구조교가 대학생에게 영상에 대한 내재적인 관심을 1에서 10 사이의 숫자로 (낮을수록 높은 관심을 뜻한다) 평가해달라고 요청한다. 그는 "5 이상으로 평가하지 않으면 아기와 어머니에게 반감을 지닌 것처럼 보일 것이고, 그렇다고 너무 높게 평가하면 뭐랄까 이런 것들에 관심이 너무 많고 남성적이지 않은 것처럼 보일 거야."라고 재빨리 생각한 다음 적당한 수치라 판단되는 "6"을 답변으로 선택한다.

다음은 아주 근사한 스키복에 미러 바이저mirror visor가 달린 헬멧을 착용한 젊은이의 영상이 떠오른다. 스노보드를 탄 그는 상록수를 배경으로 눈보라를 일으키며 몸을 옆으로 잔뜩 기울여 회전을 시도하는 중이다. 기계장치는 건강한 반응을 보이지만, 어머니와 아기 영상에 비해서는 좀 덜한 편이다. 이 또한 인간의 두뇌가 어떻게 이루어져 있는지를 고려하면 정상적인 반응이다. 대학생은 다시 1에서 10 사이의 숫자 하나를 선택하게 되는데 이번에는 큰 소리로 "스노보딩은 근사해요. 스노보드를 타고 싶어지네요. 영상도 멋진데요. 9를 선택할게요."라고 서슴없이 말한다.

이 결과에는 희망과 안타까움이 공존한다. 대학생의 두뇌가 최소한 양육의 본질적인 힘을 이해한다는 것은 어머니와 아기의 영상 대 스노보드를 타는 남자의 영상에 대한 즉각적·원초적 반응에서 드러난다. 여기에서 그의 두뇌가 보이는 반응은 여학생들과 유사하다. 이는 남성의 두뇌 안에 외로움 경감을 위한 기본적인 하드웨어가 장착돼 있음을 의미한다는 점에서 희망과 잠재성을 보여준다. 그러나 안타까운 측면은 남성들이 앞서 설명한 과정을 통해 두뇌에 내장된 장치를 무력화시키는 법을 배운다는 점이다. 하지만 그들이 자신의 두뇌 반응을 무디게 하는 법을 배울 수 있다면, 이미 배운 (나쁜) 것들을 버리고 나아가 외로운 성을 조장하는 태도와 행동을 상쇄할 만한 새로운 행동을 배울 수 있을지도 모른다.

## 자연이 지닌 치유력

바버라 에런라이크가 쓴 《긍정의 배신》의 배경은 어느 보험회사의 판매 연수장이다. 연수생들은 주먹을 쥐고 "나는 건강하다. 나는 행복하다. 나는 기분이 아주 좋다."고 외치는 것으로 하루를 시작한다. 지도자들은 이런 종류의 주먹질을 일컬어 "승리의 주먹"이라고 부른다.[5] 이와 비슷한 일이 암웨이Amway의 판촉집회에서도 일어난다. 군중의 반이 "굉장하지 않나요?"라고 외치면 나머지 반은 "정말 그렇죠?"라고 맞장구를 친다. 대부분의 사람들은 이런 접근법이 노골적이고 피상적이며 효력이 없다고, 따라서 어떤 문제를 진정으로 해결하기에는 역부족이라고 생각할 것이다. 이유는 무엇일까? 한없이 긍정적이고 바람직한 말들이지만 그 말 속에 다른 사람 혹은 주변 생명이나 자연에 관한 진정한 관심과 사랑이 깃들지 않기 때문이다.

자연과의 교감이나 생명으로부터 얻는 에너지에는 놀라운 힘이 있다. 내가 보기에 악화되는 남성의 외로움에 대한 잠재적 해결책으로는 야외활동에 중점을 두는 방안이 전망이 밝아 보인다. 타인과 더불어 활동할 수 있다면 금상첨화지만 그렇지 않아도 좋다. 저명한 진화생물학자 E.O. 윌슨은 생명애를 "인간이 다른 생명체에 느끼는 내재된 감성"[6]이라고 불렀는데, 나는 생명체를 넘어 자연현상들을 (일부 인공적인 현상들도 마찬가지다) 포함하는 쪽으로 이 정의를 확대시키고 싶다.

에릭 와이너Eric Weiner의 《행복의 지도 The Geography of Bliss》는 연간 동물원 방문자가 모든 스포츠 경기장 방문자 수보다 많다는 점을 들며 생명과 자연에 대한 사랑이 지닌 힘을 강조한다. 그는 또한 병원 입원 환자들을 대상으로 한 잘 알려진 연구결과를 인용한다. 나무가 보이는 방에 입원한 환자들이 인접 건물의 벽만 보이는 방에 입원한 환자들보다 빨리 퇴원하고 몸 상태를 비롯한 각종 불평도 적었던 것이다. 요양원에서 화분을 직접 돌본 환자들이 그렇지 않은 환자에 비해 낮은 사망률을 보인 것과 같은 맥락이다.

메리 로치Mary Roach는 저서 《화성 여행을 위한 채비 Packing for Mars》에서 "사람들은 자연을 박탈당하기 전까지는 자신이 그것을 얼마나 그리워할지 깨닫지 못한다."고 말한 다음 "잠수함 선원들이 고래 울음소리나 새우들이 내는 딱딱 소리를 듣기 위해 음파탐지실을 기웃거린다는 이야기를 읽은 적이 있다."[7]라고 쓴다. 실제로 잠수함 선장들이 선원들의 사기를 드높이기 위해 쓰는 방법 중 하나로 "잠망경 사용권"

이 있다. 잠망경에 두 눈을 대고 해안선이나 별, 구름, 새들을 맘껏 바라볼 수 있는 권한을 가리킨다. 생물과의 접촉이 거의 없어진 상태에서 자연세계의 단순한 부분과 나누는 교감에 대한 갈망은 더욱 커진다.

우주비행사들에게도 똑같은 일이 일어난다. 《화성 여행을 위한 채비》에 따르면 "전에는 정원 가꾸기에 아무런 관심이 없었던 우주비행사들이 실험용 온실을 돌보는 데 여러 시간을 보낸다." 이 책은 또 최초의 소련 우주정거장인 살류트Salyut 1호에 동료들과 함께 조그만 아마를 기른 우주비행사의 이야기를 들려준다. 그는 이 작은 풀들을 일컬어 "우리의 사랑스런 아이들이에요."[8]라고 말한다. 잠수함과 우주정거장에서 드러나는 자연과의 교감에 대한 갈망은 그 힘을 역설적으로 증명한다. 하지만 이 같은 갈망이 우주여행이나 잠수함 근무와 같은 흔치 않은 환경에서 가장 간절하게 솟아난다는 사실에 딜레마가 있다.

이 딜레마는 외로운 남성이나 심지어 감옥에 수감된 사람들까지 거의 모든 사람이 자연 혹은 생물체와 충분히 접촉하고 있기 때문에 오히려 격렬한 갈망을 느끼지 못한다는 점, 따라서 그 유익한 효과를 과소평가한다는 데 있다.

나는 이 책을 정해놓은 시간 안에 완성하기 위해 나 자신을 의도적으로 고립시켰지만 자연 영역으로부터 벗어나는 데 번번이 실패했다. 아니 어쩌면 자연이 매번 나를 찾아와 사로잡는다고 하는 편이 낫겠다. 혼자 머물려는 노력에 비교적 성공하는 때조차 태양은 블라인드 틈새로 파고들어와 내 사무실을 비춘다. 때로는 아들, 고양이, 아내가 불러 함께 대화하거나 뭔가를 치우도록 요구받는데, 그때마다 순간적으로 몰아닥치는 짜증이 그들의 환한 표정, 기대, 유머(심지어 개나 고양이에게서도 발견할 수 있다)에 의해 녹아내릴 때면 깊은 감명을 받는다.

내 어린시절 친구 중 몇몇은 자연에 묻혀 사는 삶의 힘을 오래 전에 깨달았다. 내가 보기에 스모키 마운틴에 사는 그들은 약간 현실세계와 동떨어져 있는 자연예찬자들 같았다. 물론 중요한 사실을 미처 몰랐던 건 나였다. 자연과의 친밀한 교감을 그저 고양된 행복감쯤으로 격하한다는 점에서 나는 많은 남성들과 다르지 않았다.

예전의 내가 그랬듯이 대부분의 남성들은 자연과의 교감을 통해 건강과 행복감을 현저히 향상시킬 기회가 널려 있음에도, 어쩌다 한번 자연을 보는 정도에 만족한 채 살아간다.

자연과의 교감을 한없이 순진한 발상이자 효과가 미약한 처방으로 일축하는 사람들은 아직도 많다. 자연과의 교류가 도대체 어떤 변화를 가져올 수 있을가? 하물며 극심한 외로움과 그에 수반되기 일쑤인 정신질환 등 잠재적으로 치명적이기까지 한 상태를 변화시킬 수 있단 말인가? 하지만 극심한 우울증에 시달리다 자살 직전까지 갔던 사람의 다음 회고록 내용을 보면 생각이 달라질 것이다.

"더 큰 세계에 참여하는 것, (…) 나를 가두어온 유아론적 시각에서 벗어나 세상 밖으로 나가는 것은 작은 일들에서 시작되었다. 이를테면 내 딸의 눈에 나뭇잎이나 솔방울, 흉내지빠귀가 어떻게 비칠까를 상상하면서 나는 자연으로부터 새로운 즐거움을 얻어내기 시작했다." 저자는 같은 문단에서 이렇게 덧붙인다. "자연과의 만남은 자연스러웠지만, 사람들에게 나아가는 일은 훨씬 어려웠다."[9]

여기에는 중대한 통찰이 담겨 있다. 자연과의 교감은 그 자체만으로도 외로움 경감 효과를 준다. 그리고 사람들과의 관계를 구축하는 데 있어 무엇보다 효과적인 디딤돌이 된다는 것이다.

메리 로치는 《화성 여행을 위한 채비》에서 남극의 연구초소에서 겨울 한 철을 보낸 남자로부터 들은 일화를 소개한다. 그는 자신과 동료들이 남극에서 돌아온 직후 꽃과 나무를 바라보면서 며칠을 보내고, 보행기를 밀고 가는 여자를 발견했을 때는 입을 모아 "아기다!" 하고 환호성을 지르며 일제히 아기를 향해 달려가는 바람에 아기 엄마가 보행기를 틀어 달아났을 정도라고 말했다.

이 이야기는 최소한 세 가지 생각할 거리를 던진다. 첫째, 자연이 우리에게 미치는 영향력이 얼마나 큰지, 그럼에도 우리는 그 힘을 얼마나 무심하게 받아들이고 있는가이다. 마치 물이 그렇듯 자연은 너무 일상적이어서 그것이 결핍되지 않는 한 우리는 자연이 인간에게 끼치는 본질적인 힘을 깨닫지 못할 것이다. 둘째, 남극의 연구원들이 꽃과 나무 등에 깊은 관심을 보인 것은 사실이지만 문자 그대로 흥에 겨워 함성을 지르지는 않았다는 것이다. 그들로부터 환호성을 자아낸 것은 아기였다. 자연은 우리를 충족시켜줄 힘이 있지만 그를 뛰어넘는 건 사람, 특히 새로운 생명이다. 셋째, 위의 일화에서 아기를 향해 달려가는 연구원들이 모두 여성이었다면 어땠을지 가정해보는 것도 의미있는 일이다. 아기 엄마는 똑같이 놀랐을까? 아니었을 것이다. 그녀는 여러 명의 남자가 그렇게 행동하는 모습을 처음 보았기 때문에 그토록 놀라 달아났으리라.

남성들의 위와 같은 행동은 얼핏 이상해 보인다. 하지만 좀더 숙고해보면 아기라는 존재 앞에서 남성들이 무관심한 게 더 이상하다. 인간 외의 다른 수컷 영장류에서는 이 같은 무관심이 발견되지 않는다.

물론 자연계를 둘러보면 새끼들을 잔인하게 공격하는 수컷들이 존재한다. 일례로 성년의 수컷들이 경쟁관계에 있는 다른 수컷의 새끼들을 공격함으로써 그 어미를 차지하는 습성을 들 수 있다. 하지만 그런 경우에도 수컷의 태도는 잔악할지언정 무관심하지 않다.

우리의 일상에는 생물체가 항상 존재하기 때문에 그에 대한 갈망이 일어날 가능성이 적다. 이것은 "아직까지는 괜찮다"와 "최적이다" 사이의 차이를 생각할 때 참으로 안타까운 일이다. 남성들은 마치 탄광 광부들이 작업하듯 일상을 살아간다. 카나리아가 살아 있다면 "아직까지는 괜찮다." 이러한 경향에는 두 가지 근본적인 문제가 있다. 먼저, 비록 유독한 환경이지만 카나리아가 살아 있는 한 우리는 탄광 속을 걸어다닐 수 있다. 하지만 감지기로서의 카나리아는 이미 무디어진 상태다. 그와 비슷하게 자연에 대해 "그런대로 괜찮다"의 태도로 살아가는 남성들은 자신의 본능적 갈망을 회피할 뿐 아니라 자연과 적극 교류하면서 얻을 수 있는 혜택 또한 놓치고 만다. 앞서 살펴봤던 남성의 무디어진 외로움 감지기를 연상시킨다. 남성들이 완전히 밀폐된 잠수함이나 우주공간에 있지 않는 한 카나리아는 죽지 않을 것이고 따라서 그들은 여전히 "그런대로 괜찮다"는 메시지를 전달받는다. 손자손녀나 조카들을 볼 필요도, 산책을 나가 나무에 내려앉는 그 계절만의 아름다운 햇살을 만끽하거나 주변에 자라는 화초들을 살펴볼 필요도 없이…, "그런대로 괜찮다"는 거짓 신호 말이다.

다소 이상하지만 이것이 남성들이 살아가는 방법이기도 하다. 그렇다면 아주 조금씩이라도 자연과의 교감으로 회귀하는 일이 남성 외로움을 치유하는 하나의 해결책이 될 수 있지 않을까. 이를테면 10초씩 창밖 내다보기, 산책하며 나뭇잎이든 막대기든 손으로 만져보기 등이 그것이다. 비록 이런 노력이 극심한 외로움에 대한 포괄적인 치유책은 아닐지라도, 거의 모든 인간의 세포와 영혼에 내재하지만 남성들이 사용하지 않아 퇴화해버린 본능에 불씨를 당기기에는 적합하리라 믿는다. '자연과의 교류'는 바로 그 불씨이며, 주변에 인화성 물질이 있다면 충분히 불을 지필 수 있다. 이때의 인화성 물질이란 단연코 집단을 지향하는 인간 본성이다.

앞 문단을 쓴 날 밤, 한밤중에 까닭 없이 잠에서 깼다. 잦은 여행 탓에 이곳이 집인지 아닌지 헷갈려서 1~2초 동안 멍하니 있었다. 이윽고 집이라는 것을 지각한 후 시계를 보니 새벽 3시 49분이었고, 아내가 여행을 가서 나 혼자라는 사실이 떠올랐다. 아마 3~4초 동안 발생한 정적이었을 것이다. 평소 같으면 불면증이 닥쳐올 무렵이었다. 좀 더 정확히 말하자면 이 시간쯤이면 몸속에서 날카로운 짜증이 솟아오르며 "앗, 이런. 지금 깨어났으니 이제 다시 잠들기는 틀렸군." 하는 체념과 함께 날이 밝으면 해야 할 일들을 떠올리고 여행 중인 아내는 잘 있을까 궁금해할 터였다.

그런데 그날 밤은 달랐다. 짜증과 함께 복근이 오그라드는 것 같았고 밤이 얼마나 어둡고 고요한지 새삼 절감했다. 그날 따라 집 안의 모든 전등이 꺼져 있었고 이웃집에서 새들어오는 불빛조차 없었다. 달도 떠 있지 않았다. 나는 긴장을 풀었다. 곤충들이 윙윙거리는 소리가 부드럽게 들려왔다. 너무 부드러운 나머지 그 자체가 완전한 고요처럼 느껴졌다. 나는 불과 몇 분 만에 다시 잠에 빠졌다.

물론 이것은 그날 밤만의 일이었다. 이전에도 나는 매달 적어도 몇 번씩은 한밤중에 잠에서 깨어났고 그때마다 귀찮고 짜증스러워졌다. 윙윙거리는 곤충 소리의 부드러운 결을 감상하는 데 빠지기는커녕 그 소리를 알아차리는 것조차 전혀 나답지 않았다. 그런데 내가 자연에 대해 쓴 바로 그날 밤, 잠에서 깬 지 몇 초 만에 고요함이 내 마음을 평온케 하는 상황을 체험한 것이다. 나의 수면장애에 의외로 단순한 것이 효과적이었듯이 뒤에 언급할 다른 문제들 역시 마찬가지일 수 있다.

### • "전화번호를 누르세요."

자연과의 교류를 통해 마음의 준비운동을 했다면, 이제 본격적으로 인간관계를 유지하는 데 힘써야 한다. 이것이야말로 외로운 이들을 위한 최선의 처방책이다. 매일 스타틴statin과 아스피린 3분의 1알을 복용하듯이 사회적 관계라는 약을 복용하기. 누군가에게 매일 한 통의 전화를 거는 일 말이다.

나는 존경받는 심리학자이자 교수였으며 80대까지 장수한 한 남자를 안다. 그의 업적을 칭송하기 위해 마련한 강연들마다 전국 곳곳에서 날아온 동료와 제자들로 만원을 이뤄 일부는 서서 들을 수밖에 없을 지경이었다. 왜 그랬을까? 일차적으로 그의 뛰어난 업적과 영향력 때문이겠지만 또 다른 이유가 있다. 그는 가급적이면 이메일 대신 사람들과 전화로 대화하기를 고집했다. 그렇다고 사적인 전화를 즐기지는 않았다. 주로 일에 관한 통화였지만, 통화를 마칠 때마다 그는 가족과 취미 등에 대한 언급을 추가하는 버릇이 있었다.

노라 에프론Nora Ephron은 수필집 《아무것도 기억나지 않는다 I Remember Nothing》에서 노년에 접어들며 기억력이 쇠퇴하기 시작한 자신의 아버지에 대해 "끝까지 기억을 놓지 않은 건 사람들의 전화번호였고, 말년에는 하루에 100통씩 전화를 걸었다."라고 썼다. 노쇠한 아버지가 100통을 걸 수 있었다면 누구나 한 통씩은 자신의 지인에게 걸 수 있지 않을까.

소냐 류보미르스키Sonja Lyubomirsky와 같은 긍정심리학자들의 연구는 전화를 거는 등의 단순한 일이 지닌 잠재력을 보여준다. 연구 중 하나를 예로 들어보자. 연구진은 참가자들에게 매주 한 번씩 연구실에 전화를 걸어 자신이 감사를 느낀 사람이나 사건들에 관해 보고하도록 했다.[10] 이 통화는 어떤 효과를 가져왔을까? 혈압 저하, 공격성 감퇴, 그리고 체중 감소와 금연 등의 목표 달성률이 상승했다. 연구실에 근무하는 낯선 사람에게 매주 한 번씩 전화를 거는 일만으로 이 같은 효과를 거뒀다면, 친구들과 매일 통화하는 일도 마찬가지 효과를 거두리라 추정할 수 있다. 다음은 최근 발표된 기사의 일부다.

지난 10년 동안 실시된 조사결과에 따르면, 감사한 마음을 지니는 성인들은 그렇지 않은 사람들에 비해 신체적 에너지가 높고 더 낙관적이고 비교적 넓은 인간관계를 맺고 있으며, 대체적으로 더 행복한 것으로 드러났다. 그들은 우울증에 걸리거나 시기심, 탐욕에 시달릴 확률은 물론 알코올 중독에 걸릴 확률도 더 낮았다. 돈도 더 많이 벌 뿐만 아니라 숙면하고 정기적으로 운동하고 유행성 전염병에 대한 저항력도 높은 것으로 밝혀졌다.[11]

이는 아이들에게도 마찬가지다. 일상생활에 감사할 줄 아는 아이들은 학교 성적이 더 좋고, 친구들과의 관계에서도 만족감을 느끼며, 복통이나 두통에도 덜 시달린다. 실로 놀라운 결과로, 타인에게 다가가기가 궁극적으로 자기 자신에게 긍정적인 효과를 불러온다는 주장을 뒷받침한다. 키케로Cicero는 "감사하는 마음은 최대의 미덕일 뿐만 아니라 모든 미덕의 어버이다."라고 말했다. 옳은 말이다.

추수감사절에는 매년 H.U. 웨스터메이어H.U. Westermayer의 말이 인터넷에 떠다닌다. "순례자들은 한 채의 오두막 당 일곱 개의 무덤을 파야만 했다. 그 어떤 미국인들보다 가난했던 그들은 그럼에도 불구하고 추수감사의 날을 정해두었다." 물론 세상에는 커다란 타격을 입은 사람들이 존재하고, 그들에게 감사를 느끼라고 하는 건 지나친 요구일지도 모른다. 하지만 이런 사람들이야말로 어렵지 않게 감사를 표한다. 또한 버릇없이 응석받이로 살아온 사람들에 비해 매사에 더 감사하는 마음을 지니는 경우가 많다.

매일 전화를 걸라고 요구했을 때 많은 이들이 "전화를 걸 곳이 없다."고 문제를 제기한다. 하지만 "전화를 걸 사람이 없다."는 말은 핑계에 불과하다. 말콤 글래드웰Malcolm Gladwell은 저서 《티핑 포인트The Tipping Point》에서 한 사람이 평균적으로 몇 명의 친구 또는 지인을 갖고 있는지 추정하는 실험에 관해 쓰고 있다. 그는 240개의 비교적 흔치 않은 성씨를 골라 목록을 만든 다음, 실험 참가자들이 해당 성씨 사람을 알고 있을 때마다 점수를 부여했다. 그는 이 같은 실험을 수십 개의 집단을 대상으로 실시했는데, 성인 집단의 경우 최저 점수가 9였으며 평균치는 30이 넘었다. 수백 명 가운데 최저점을 받은 사람이 하루에 총 240개 성씨 중 하나를 골라 전화를 해도 일주일 이상이 소요되는 셈이다. 거기에다 고모, 이모, 삼촌, 사촌, 조카, 질녀, 형제, 자매, 아내, 사돈, 심지어 초·중·고 및 대학 동창생, 전 직장 동료, 직업학교·대학원·법과대학·의과대학 등에서 만난 사람들까지 더해보면 "전화 걸 사람이 없다."는 말은 한낱 옹색한 변명에 지나지 않는다.

전화를 걸어봐야 딱히 할 말이 없다는 핑계도 나온다. 물론 그럴 수 있다. 하지만 나는 이렇게 반박하고 싶다. 첫째, 지난한 관계 속에서 이따금 어색한 순간이 찾아오는 것과 지속적인 외로움 가운데 어느 쪽이 더 나은가? 둘째, 우리의 영혼은 사회적인 어색함에 익숙해질 수 있다. 셋째, 사람들은 엄청난 사회적 불편조차 참아낼 수 있으며 그로 인한 영구적인 결과는 별로 없다.

### 일단 부딪쳐보기

나는 위의 세 번째 사실을 사회불안장애 환자들과의 임상경험을 통해 인지하고 있다. 사회공포증으로도 불리는 이 심각하고 고통스러운 질환은 파티에 참석하거나 대화를 나누거나 공개석상에서 말하는 등의 사회적 상황에 대한 극심한 공포를 특징으로 한다. 사회불안장애의 본질적인 특성은 자신이 다른 사람들에게 심판받는다고 느끼며, 자신의 행동이 혹시라도 당혹감과 조소를 불러오지 않을까 불안해하는 것이다. 사회공포증을 앓는 사람은 모든 이가 자신을 감시한다고 믿는다. 사회적 상황에서 불안감은 악화되어 공황과 유사한 발작을 초래하며 그 증상으로 심장박동 증가, 호흡곤란, 이상 발한 등이 나타난다. 환자들은 이와 같은 고통스러운 경험 때문에 무슨 수를 써서라도 공포의 대상인 사회적 상황을 회피하려 한다. 사회적 관계들은 삶의 주요한 일부이므로 그것들의 회피는 외로움, 일과 사랑에 대한 기회 감소 등 수많은 장애로 이어진다.

단언컨대 이 질환에 대한 최선의 치료법은 환자들이 두려워하는 상황에 그들을 노출시키는 행동요법이다. 달리 말해서 환자들을 스스로 어색해하는 상황 속에 위치시킴으로써 그 상황에 익숙하고 대범해지도록 돕는 것이다.

이 책의 전체적인 주제와 상통하는 사회불안장애는 남성에게서 흔히 발견된다. 치료를 받는 환자들 중 사회적으로 불안한 남성 수가 여성 수를 상회한다는 증거도 있다. 의심의 여지없이 남성에게 더 흔한 사회불안장애의 한 형태로, 공중화장실에서 소변보기의 어려움을 들 수 있다(여성들에게도 존재하지만 매우 드물다).

머릿속에서 두어 가지 질문이 떠오를 것이다. 먼저 과연 이것이 정신질환으로 분류될 만큼 중대한 사안인가? 만일 그렇다면 그 까닭은 무엇인가?

첫 번째 질문에 대한 답은 "그렇다."이다. 공중화장실 사용은 일상적인 행위다. 하지만 이 공포증을 심각하게 앓는 남성들은 화장실 사용을 기준으로 모든 활동을 계획하고, 그것이 여의치 않을 듯한 활동에는 아예 참여를 포기하기도 한다. 식당, 영화관, 스포츠 경기장에 가는 일은 한없이 번거로워진다. 이런 질환이 직업적 수행능력에 미칠 곤란은 말할 필요도 없다. 직장 내 화장실에 가기가 두려워 차라리 장시간 불편을 견뎌낸다고 상상해보라.

두 번째 질문에 대한 답은 이 질환이 수행능력에 바탕을 둔 공포에서 기인하기 때문이다. 즉, "소변기 앞에 서서 소변을 못 본다면 사람들이 나를 어떻게 생각할까?"와 같은 불안감에서 시작한다. 이 질환은 심리적 요폐paruresis라고 불리며 그 질환이 갖는 특징적인 공포를 강조하여 "수줍은 방광증후군" 또는 "무대공포증"이라고 부르기도 한다.

이 질환의 매우 효과적인 치료법 중 하나는 공중화장실에서 여러 차례 연습하기다. 이 과정은 사전에 치밀하게 준비된다. 임상의가 환자에게 어떤 일이 일어날지 꼼꼼하게 설명해 계획을 이해시키고 그 계획에 찬성한다는 동의서를 가능하면 서면으로 받는 식으로 진행한다 (우리 병원에서는 이런 절차에 대해 일반적으로 통용되는 동의서 외에 추가로 숙지동의서를 받는다. 그것은 이 치료가 독특한 환경에서 이루어지기 때문이기도 하고, 임상의가 공중환경에서의 비밀유지를 완전하게 보장할 수 없다는 이유 때문이기도 하다). 계획은 다음과 같다. 임상의가 먼저 화장실에 들어오고 몇 초가 지난 후 환자가 뒤따른다. 환자는 관찰자 역할을 맡아 거울을 들여다보거나 손을 씻으며 세면대 주변에서 대기한다. 이 초기단계에서부터 임상효과가 나타난다. 환자는 몇 달 혹은 몇 년 만에 처음으로 공중화장실에 들어왔을 것이며, 그 환경이 자신을 매우 초조하게 만듦에도 불구하고 그 안에 머무르는 진전을 이룬 것이다.

임상의의 역할은 소변을 보기 위해 소변기 앞에 서는 것이다. 환자로서는 이 행동을 관찰하기조차 어렵다. 임상의가 끔찍하게 굴욕적인 상황에 스스로를 내던졌다고 믿기 때문이다. 중요한 사항 한 가지는 임상의가 수치스러워하지 않고 그야말로 아무렇지도 않게 행동하기,

즉 일상처럼 동작하는 것이다. 그 모습은 관찰하는 환자에게 실로 경이로울 뿐 아니라 치료에 도움을 준다.

실험이 계속되면서 임상의는 낯선 사람이 옆 소변기로 다가오는 것을 기다렸다가 그에게 얼굴을 돌려 "도대체 무슨 일인지 모르겠네요. 소변이 안 나와요!"라고 외친다. 임상의에게는 다소 어색한 경험이지만(이 치료의 목적 중에는 어색한 상황과 대면하기, 낯선 이와의 대화도 별일 아니라는 사실을 환자에게 인지시키기가 포함된다), 이후 진행될 상황이 엄청난 굴욕이거나 파국에 가까울 것이라 예상하는 환자에게는 마치 세상이 멈추기라도 한 듯 숨막히는 순간이다. 그런데 실제 상황은 낯선 사람이 "아, 네, 거참, 안됐군요." 혹은 (내 임상경험에 의하면 최악의 경우라 할 수 있는데) "왜 그런 말을 나한테 하는 거죠?" 등으로 대꾸하는 정도다. 환자가 머릿속으로 예상하는 극도의 난처함과는 대조적으로 다소 무관심하거나 몇 초간의 어색함이 흐를 뿐이다.

다음 몇 주간 이 시나리오를 한두 차례 더 반복한 후, 역할을 바꾸어 환자가 소변기 앞에 서보게 한다. 내가 직접 치료·감독한 사례의 경우, 이 행동요법을 최대 여섯 차례 정도 실행하면 문제가 해결되었다. 확언컨대 이 같은 임상의로 일하는 경험은 자체도 흥미롭지만 무엇보다 환자들의 고통을 단 몇 주 만에 해소시켜준다는 이유에서 큰 보람을 느끼게 한다.

사회불안장애는 그 형태에 따라 적절한 처방이 요구된다. 누군가 식사 모습을 지켜본다는 걱정에 압도되어 외식은 꿈도 못 꾸고, 심지어 자신의 집에서 지인들과 식사하는 것조차 고역인 이들에게는 포크를 떨어뜨리거나 케첩을 얼굴에 묻히는 등 식사시간에 고의로 실수를 연발하는 요법을 써도 좋다. 공석에서 말하기를 두려워하는 사람에게는 다른 사람들을 대상으로 연설을 하되 도중에 실수를 저지르게 하는 요법을 쓸 수 있다. 이런 종류의 과제에 참여할 때 환자들은 처음에 엄청나게 불안해하지만 여러 차례 반복하는 사이 불안감이 자연스레 사라진다. 환자가 공포스러운 상황에 스스로 참여함으로써 역으로 사회불안 제어 효과를 얻는다는 점은 놀라운 현상이 아닐 수 없다.

사회불안장애 환자들이 이런 고난을 감내할 수 있다면, 위에서 말한 "하루에 친구 한 명에게 전화걸기" 요법을 두고 통화 도중 찾아오는 어색한 순간들 때문에 못하겠다는 핑계는 확실히 어불성설이다. 노라 빈센트는 저서 《자발적 광증 Voluntary Madness》에서 이 문제의 핵심을 다음과 같이 꿰뚫는다.

> 사람들과의 친교가 내키지 않을 수도 있고, 친구들과의 약속을 취소하기 일보직전까지 가는 경우도 흔한 편이다. 어떤 때는 정말 취소하기도 하는데, 그럴 때마다 거의 예외 없이 후회한다.

그녀는 또 이렇게 고백한다.

> 나는 사람들과의 관계를 유지하기 위해 드는 품이 성가시다. 그럼에도 고립은 내게 매우 해롭다는 것, 그리고 내 행복이 사람들과의 접촉과 친밀감에 많은 부분 의존한다는 사실을 잘 안다. 따라서 나는 다른 모든 것과 마찬가지로 실행하고 보상을 취하거나 실행하지 않고 결과를 감수한다.[12]

실로 촌철살인이라 할 문장이다. 나는 거의 모든 심리치료 환자들로부터 이 같은 정서가 여러 형태로 변주되는 모습을 보아왔다. 이 사실을 깨닫는 것만으로도 중대한 이정표라 할 수 있다. 반면 이 사실을 깨닫지 못하거나 최악의 경우 깨닫기는 하지만 실행하지 않는 경우도 있다.

### • 옛 친구들과의 만남

만약 지인에게 전화걸기 운동이 자신에게는 별 도움이 되지 않는다고 여긴다면, 효과를 볼 가능성이 매우 높은 방안이 하나 더 있다. 바로 청춘시절 절친했던 친구들과의 유대 재구축이다. 대부분의 사람들은 12~25세 사이에 구축한 정체성으로 평생을 살아간다. 그리고 이 시기를 함께했던 친구들을 청춘기의 절친으로 기억한다. 언제 사귄 친구들이 최고의 친구인지 확답을 못한다면 언제 가장 즐거웠었는지를 떠올려보자. 나를 웃게 만들고 내 얼굴을 환히 빛나게 하는 이야기들이 비롯된 시절, 그때 친구들이 가장 절친한 벗이다.

따라서 당시의 친구들과 다시 뭉쳐야 한다. 모든 허례허식을 떨치고 아이처럼 놀 수 있어야 한다. 모임을 정례화하면 가장 이상적인데 일 년에 한 번 정도면 적당하다(연례 건강검진이나 6개월에 한 차례 치과를 방문하는 것처럼). 동창모임의 목표는 남성의 사회적 유대관계를 최고 전성기의 그것으로 재구축하는 것이다. 말하자면 패거리의 일원으로 되돌아가기이다.

다저스Dodgers와 양키스Yankees 야구단의 감독을 지낸 조 토리Joe Torre도 이 철학에 동조하는 듯하다. 신문기사는 그의 연례행사 중 하나를 다음과 같이 소개한다.

토리의 일상 탈출은 1990년대 중반 몇 명의 친구들과 함께 시작되었다. 남자들이 다시 소년시절로 돌아갔다. 아내나 여자친구, 자녀들은 동반하지 않는다. 남성들끼리의 유대가 그의 마음을 끌었다. 올해는 반세기가 넘도록 관계를 유지해온 지기를 포함해 열여덟 명의 남자들이 함께 길을 떠난다.[13]

그가 이 패거리 중 몇몇을 50년 이상 알아왔다는 사실은 물론이고, 현직 프로 야구팀 감독이었을 때조차 친구들과의 연례행사를 직업보다 중시해서 동계회의에 불참할 정도였다는 사실은 많은 것을 시사한다. 그는 말한다. "이 여행은 내가 살아 있는 한 계속될 것이다." 이 남자들은 그 경험을 단순한 재미 이상으로 바라본다. 기사는 "토리는 이 여행 중의 저녁식사는 성스럽고 떠들썩하며 종종 세 시간이 걸리는 행사라고 말했다."라고 쓰고 있다. 토리 패거리 중 또 한 명의 일원도 이 전통에 커다란 긍지를 느낀다. 기사에 따르면 "조의 형인 프랭크 토리는 곧 77세가 되는 고령임에도 마치 산타클로스 이야기를 늘어놓는 여섯 살 꼬마처럼 이 모임에 대한 자랑이 끝이 없다."

다수의 남성을 포함한 일부 사람들은 친구관계의 가치를 폄하하려 든다. 이를테면 그들은 친구관계가 가족관계보다도 더 가치 있는지 물을 것이다. 가족은 절대적으로 중요하다. 하지만 친구관계 역시 그만큼, 아니 어쩌면 그보다 더 귀중할 수 있다.

가족관계와 친구관계에 대한 연구를 다룬 기사에서 한 사회학 교수는 이렇게 말한다. "가족과 혼인관계에는 수많은 이물질이 누적되지만 친구관계는 그렇지 않습니다. 저도 다소 당혹스럽지만, 친구는 가족보다 우리의 심리적 행복감에 더 큰 영향을 미칩니다."[14]

누군가는 친구관계에 보이지 않는 혜택들이 있다 하더라도, 친구가 과연 경제적으로는 어떤 가치가 있는지 반문할지 모른다. 사회경제연구소Institute for Social & Economic Research는 2009년 바로 이 질문에 대한 해답을 제시했다. 친구 한 명은 반년의 추가 교육이 주는 경제적 이득에 맞먹는다는 것, 달리 표현하자면 젊은 시절 여덟 명의 친구를 더 사귄다면 그것만으로 4년제 대학 교육과 비슷한 경제적 이득을 취할 수 있다는 이야기다.[15]

### 따뜻한 음식은 마음의 허기를 달랜다

며칠 전 플로리다 주립대학교 구내 셀프서비스 식당에서 점심식사를 포장해가려던 나는 생각에 잠긴 나머지 뒤에 서 있는 남자가 내게 말 거는 걸 알아채지 못했다. 그가 말을 하는 와중에야 내 정신이 돌아왔고, 우리는 플로리다 주립대학교 풋볼팀에 대해 짧고 피상적인 여담을 주고받았다. 연구실로 돌아오던 나는 식당에 들어가기 전에 비해 기분이 훨씬 밝아졌음을 깨달았다. 손에 들고 있는 음식을 먹을 생각에 기분이 좋아졌던 것일까? 하지만 좀더 생각해보니 그건 풋볼팀에 대한 짤막한 대화 덕분이었다. 거창한 주제는 아니지만 그 대화는 분명 내게 영향을 미쳤다. 우리가 생물학적으로 사교를 지향하도록 만들어졌음을 고려할 때 전혀 놀라운 일이 아니다.

따끈한 음식 생각을 하고 있을 때 이런 일이 발생했다는 사실도 우연의 일치만은 아니다. 따뜻한 음식과 음료는 우리의 외로움을 다소 완화시켜준다. 앞서 살펴본 사회적 배척 실험에서, "홀로 사는 미래" 피드백을 받은 참가자들은 다른 참가자에 비해 실험 이후 뜨거운 음료를 선택하는 경향이 높았다. 뜨거운 음료가 사회적 배척의 쓰라린 통증을 어느 정도 무마해주기 때문이다. 알랭 드 보통Alain de Botton은 수필 〈개선을 불러오는 향연Improvable Feasts〉에서 이렇게 쓴다.

> 음식이 소화되는 순간들은 도덕교육에 맞먹을 만하다. 그것은 마치 한 그릇의 주키니zucchini(서양호박의 일종. ―옮긴이) 튀김이나 한 접시의 그라블락스gravlax(연어 요리의 일종. ―옮긴이)에 버터 바른 토스트를 곁들인 식사가 우리에게 베푼 후대厚待에 보답하고픈 유혹을 느끼는 것과 같다.[16]

수렵채집사회의 일반적인 규칙에 따르면, 식사시간에는 일체의 경쟁심 표출이 엄격히 규제되었고 대신 상호간의 예절과 배려가 올바른 규범으로 독려되었다. 이런 정신은 니애 니애 쿵Nyae Nyae Kung(부시맨족의 일종. ―옮긴이) 족에 대한 다음과 같은 묘사에서 잘 드러난다.

> 우리는 남의 음식을 빼앗는 따위의 무례한 행동은 하지 않는다. 정중하게 두 손을 뻗어 음식이 손바닥 위에 놓이기를 기다린다. 쿵 족의 세계에서 한 손만 내미는 것은 음식을 낚아채겠다는 암시다. 그토록 굶주리고 말랐으

며 늘상 식량 부족에 시달리는 사람들이 음식에 대해 그 같은 절제를 보인다는 것이 내게는 감동적이었다.[17]

이 사례가 인상적인 이유는 쿵 족이 섭식의 기본적인 의식을 한데 묶어내어 생존에 필수적인 식량보다도 사회적 조화를 중시하는 결과를 성취했다는 데 있다.

프로이트는 불의 발명이 역으로 자제심을 촉발하였다고 주장했다. 역시 프로이트다운 오류다. 더 구체적으로 말하면 그는 사람들이 오줌을 갈겨 소중한 불씨를 꺼뜨리고 싶은 욕구에 저항하는 법을 배워야 했고, 바로 거기서 자제심이 생겨났다고 믿었다(고백하건대 정신분석학자들이 왜 항상 대소변, 자위행위, 또는 그밖의 하체와 관련된 것들에 그토록 매달리는지 나는 아직도 이해를 못하겠다. 어쩌면 정신분석학이 아직도 일각에서 맹위를 떨치는 이유는 바로 그러한 관심 때문일지 모른다). 리처드 랭엄의 《요리본능》은 실제 어떤 일이 일어났는지 잘 설명해준다.

우리 조상들은 불 주변에 무리를 지어 먹고 자기 위해서 서로 가까이 모여 살아야 했다. 사소한 분노가 파괴적인 싸움으로 비화되는 것을 막기 위해 이처럼 가까이 모여 사는 습성은 상당한 관용을 요구했다.[18]

지나치게 공격적이거나 퉁명스러워서 협조적인 태도를 보이지 못한 사람들은 시간이 지나면서 낙오되어 소멸했을 것이다. 이것은 불을 끄려고 오줌을 갈긴다는 (도대체 그러고 싶어하는 사람들이 몇이나 되었을까?) 해석에 비해 사회적 품위를 지향하는 인간의 성향을 더 그럴듯하게 설명해준다. 음식을 나누는 것은 인간의 특징이다. 《요리본능》은 수렵채집사회의 남성과 여성이 어떻게 다른 종류의 식량을 찾아나섰는지에 대해 다음과 같이 묘사한다.

> 양성은 각자가 확보한 음식만이 아니라 서로의 짝이 확보한 음식도 먹는다. 인간을 제외한 다른 영장류에서는 이와 같은 상보적 행위의 기미조차 찾아볼 수 없다.[19]

남녀의 상호보완성은 인간 고유의 특성이지만 음식을 나누는 것은 인간만의 특징이 아니다. 우리의 영장류 사촌인 보노보bonobo도 관대하게 음식을 나눈다. 이를 잘 보여주는 실험을 예로 보자. 실험실에는 과일조각이 놓여 있고, 실험실 옆의 우리에는 보노보가 앉아서 이 장면을 지켜본다. 우리 안의 보노보는 실험실로 들어가는 문을 열 수 없지만 실험실에 있는 보노보는 원한다면 문을 열어줄 수 있다. 두 번째 보노보가 실험실 안으로 들여보내지고, 그에게는 과일을 혼자 다 먹거나, 문을 열어 우리에 갇힌 보노보가 들어오게 한 뒤 나눠먹는 선택이 주어진다. 일반적으로 보노보들은 음식을 아낌없이 나눠먹는다. 이를테면 혼자 음식을 다 먹은 뒤에야 우리 문을 열어 다른 보노보가 찌꺼기를 먹게 할 수도 있겠지만 대부분의 보노보는 실험실에 들어가자마자 우리 문을 열어 다른 보노보가 들어올 수 있게 한다.

음식을 나누어 먹는 의식이 불러올 수 있는 매우 긍정적인 효과가 또 있다. 음식을 받기 위해서는 입을 열어야 한다. 물론 튜브를 사용하여 위에 음식을 투여하거나 정맥주사를 통해 영양분을 섭취할 수도 있다. 결국 어떤 식으로든 무언가를 열어야만 하는데, 신체의 움직임은 종종 파급효과를 일으켜 연관된 심리적 반응을 촉발한다는 것이 인지과학의 원리다.

일례로 얼굴 근육을 움직여 미소를 짓도록 지시받은 사람은 종종 실제로 기분이 좋아지는 현상을 경험한다. 심지어 보톡스 주사로 눈살을 찌푸릴 수 없는 사람도 마찬가지다. 미소를 짓거나 눈살을 찡그리지 않도록 지시를 받았다 하더라도 파급효과를 일으켜 실제적 행위로 이어지는 심리상태를 불러오는 것이다.

플로리다 주립대학교 심리학 교수 마이크 캐샥Mike Kaschak은 언어 이해를 포함한 이 일반적인 사례를 "행동-문장 양립성 효과"[20]라는 이름으로 발표했다. 연구진은 참가자들에게 단순한 문장을 읽고 의미가 성립되는 문장인지 아닌지 최대한 빨리 판단하라고 요청했다. 선택된 문장들은 "서랍을 닫다"와 같이 손을 몸으로부터 내뻗는 행동 또는 "턱에 손가락을 대다"와 같이 몸 쪽으로 손을 움직이는 행동을 포함했다. 의미가 성립된다고 판단되면 '예' 단추를, 그렇지 아니면 '아니오' 단추를 누른다. 놀랍게도 '예' 단추가 '아니오' 단추보다 참가자들로부터 멀리 떨어져있으면 그들은 "몸 쪽으로의 행동" 문장에 대한 판단을 주저했고, '예' 단추가 더 가까이 있으면 "몸 밖으로의 행동" 문장에 대한 판단에 시간이 더 소요됐다. 이 효과는 심지어 "리즈는 당신에게 이야기를 들려주었다."("몸 쪽으로의 행동" 문장)와 같은 추상적인 문장에서도 똑같이 발견되었다. 연구진은 이렇게 말한다. "이 결과는 문장의 의미를 인간 행동에 결부시키는 의미의 체화이론을 뒷받침해준다."

이 같은 효과는 언어 이해의 영역을 넘어서까지 확장된다. 다른 이들에 대한 해로운 거짓말을 하는 사람은 그렇지 않은 사람보다 구강 세척제와 손 세정제를 더 사용하고 싶어한다. 또한 시카고 대학 연구진은 움직임이 인간의 선호도에 영향을 끼칠 수 있다는 가능성을 사례를 통해 입증했다. 중국어 텍스트를 검토하는 비 중국어 사용자들을 대상으로 조사한 결과 실험 참가자들이 몸을 기울이면서 검토한 문장을 몸을 일으켜 세우며 검토한 문장보다 좀더 선호하는 것으로 나타났다. 이는 "당기기-매혹"과 "밀치기-혐오"라는 운동 근육의 신호에서 기인하는 것으로 추정된다. 이와 유사하게 입을 열어 음식을 먹는 행위는 우리로 하여금 다른 것들, 이를테면 친절과 관용, 공감 같은 외로움의 해독제들을 향해 문을 열도록 해줄지 모른다.

## 쉽게 규칙적으로 꾸준히

존 카치오포John Cacioppo와 윌리엄 패트릭William Patrick이 최근 저서 《외로움Loneliness》에서 훌륭하게 보여준 것처럼 인간은 정다운 만남에서 힘을 얻도록 진화돼왔다. 이 저자들은 또한 외로움 구제책을 제시하는데, 그들이 권고하는 내용의 요점은 구내식당에서 뒤에 선 사람과 나눈 플로리다 주립대학교 풋볼팀에 관한 이야기와 본질적으로 동일하다. 즉, 다른 사람들을 친절하게 대하라는 것이다. 이 제안은 옳지만, 동시에 문제점을 안고 있다. 어느 독자는 이를 날카롭게 잡아내, 책에서 권장한 사항들을 심야 텔레비전의 정보광고 프로그램에 비유하며 다음과 같은 서평을 썼다.

저자들의 충고는 이미 다 알고 있는 내용이다. 그러니 책값은 아껴도 좋을 것이다. 당신이 바라는 것과 똑같이 다른 사람을 대하라. (…) 훌륭한 충고다. 하지만 상황 혹은 습관에 너무 깊이 사로잡힌 나머지 살아가는 방식을 바꿀 수 없는 사람들에게는 쓸모가 없을 것이다.[21]

나는 이와 유사한 현상을 내가 몸담은 심리치료 병원에서 매일같이 목격한다. 우리는 특정 상황에 따라 놀랄 만큼 효력을 발휘하는, 매우 단순하고도 분명한 방안을 권고한다. 하지만 이는 환자들이 실천한다는 전제하에서만 효력이 있다. 이런 면에서 나는 전기작가 제임스 보스웰James Boswell이 기록한 새뮤얼 존슨Samuel Johnson의 충고에 공감한다. "게으르다면 고독해지지 마라. 고독하다면 게을러지지 마라."[22]

수면건강법을 예로 들어보자. 앞으로 살펴보겠지만 잠을 잘 때에는 누구도 게으르거나 고독하지 않다. 그리고 수면장애는 놀랍게도 몇 가지 규칙과 습관만 바로잡아도 민감하게 반응한다. 이를테면 매일 비슷한 시간에 잠자리에 들어 비슷한 시간에 일어나기, 침실은 수면 (그리고 섹스) 용도로만 사용하기, 잠이 오지 않으면 침대에 누워 있지 말고 일어나서 긴장을 풀어주는 활동을 하기, 시계를 돌려놓아 자주 볼 수 없도록 하기 등이다. 이런 방법은 정말 효과적이다. 나아가 수면 개선은 우울증이나 조울증을 비롯한 여러 질환 치료에 크게 도움을 준다. 나는 또 그것이 남성의 외로움 악화를 막는 데 효과적이라고 확신하는 편이다. 운동도 마찬가지다.

사람들은 기본적으로 숙면과 운동이 건강에 좋다는 사실쯤은 안다.

그러나 한편으로는 하나마나한 빤한 소리쯤으로 치부하는 경향이 있다. 더 정확히 표현하자면 그들은 마치 박테리아에 감염되어 항생제를 복용하듯 큰 열의 없이 하루 이틀 시도해보고 그만둔다. 수면건강법이나 운동은 누구나 아는 소리 같지만 꾸준히 실행하기만 하면 놀랄 만큼 강력한 효과를 발휘할 수 있다. 따라서 관건은 사람들이 이를 믿고 실행하는 것이다. 그저 알아들었다는 시늉에 그치지 말고 진정으로 받아들여야 한다.

단테Dante는 《신곡 The Divine Comedy》에서 "큰 불꽃은 작은 불씨에서 나온다."라고 썼다. 이 금언을 "큰 불꽃은 작은 불꽃에서 나올지도 모르지만 모든 불씨가 같지는 않다."로 바꿔 써도 무방할 듯하다. 관계의 불씨란 간단하지만 생각만큼 쉽지는 않다. 그것이 간단한 이유는 관계를 촉발시킬 활동이 실로 수백 가지에 이르기 때문이다. 내가 일하는 병원의 모든 상담실에는 그 활동을 모아 정리한 리스트가 비치되어 있다. "탤러해시에서는 할 일이 아무것도 없다."고 불평한 환자에게 우리는 탤러해시에서 할 수 있는 250여 가지 활동목록을 제시한다. 하지만 관건은 무엇을 어떻게 해야 하느냐가 아니라 그것을 하려는 의지와 끝까지 꾸준히 해내고자 하는 동기상의 문제다. 이는 노년 남성에게 특히 더 어렵다. 따라서 그들이 어려움을 극복하도록 돕기 위한 모든 수단을 동원해야 한다.

쉽게 천천히 이 딜레마에 접근해보자. 수면건강법에 대해 말하자면, 시계 확인하지 않기 등으로 시작할 수 있을 것이다. 이 일이 뭐가 그리 어렵겠는가. 가령 실내운동을 시작해보는 것도 괜찮다. 매일 적어도 한 번, 의자에 앉아 텔레비전을 보거나 인터넷 서핑을 할 때 자리에서 일어났다가 앉는 동작을 다섯 차례 이상 되풀이해보자. 어렵지 않은 일인데다 그 정도면 시작으로 충분하다.

스스로에게 설득력 있는 이야기를 들려주는 것도 좋다. 가령 앞서 언급한 금문교에서 투신한 두 남자들에 대한 이야기 등이다. 한 사람은 사망했고 다른 한 사람은 중상을 입었지만 살아남았다. 둘 다 미소같이 단순하고도 인간적인 제스처가 자신을 살릴 수 있다고 생각했지만 끝내 얻지 못하고(사실 적극적으로 갈구하지도 않았다) 투신했다. 미소나 대화처럼 단순한 행위가 큰 차이를 만들어낸다.

나아가 정확한 연구로 스스로를 무장하자. 우울증에 가장 많이 적용, 연구하는 세 가지 심리요법(행동활성화 치료, 관계중심 치료, 인지행동 치료) 가운데 두 가지는 (행동활성화 치료, 관계중심 치료) "보다 활동적이며 관계중심적인 삶"이라는 문구로 요약될 수 있다.[23] 이 요법들이 심각한 중증 질환을 치료하는 데 효과적인 접근법이라면 남성의 외로움을 다루는 데도 적합할 것이다.

그리고 저항이 가장 적은 길을 택하자. 이를테면 우리 몸에 밴 습관을 다른 방식으로 고쳐 나가보는 건 어떨까. 일례로 흡연과 음주는 전반적으로 건강에 해롭지만 사회적 관계의 통로가 된다면 이로울 수도 있다. 이는 덜 외로운 것이 금연보다도 건강 증진에 더 강력한 효과를 준다는 증거를 포함해 여러 가지 이유에서 흥미롭다(금연 역시 심각하게 고려되어야 함은 당연하다). 직장에서 휴식시간에 혼자 담배를 피운다면 다른 흡연가들과 함께 피우도록 노력해보라. 집에서 혼자 술을 마신다면 친구를 초대하거나 술집에 가서 사람들과 함께 시간을 보내보라. 누군가에게 술을 한잔 사도 좋다.

그 무엇보다도 인내심을 갖고 꾸준히 실천하자. 금연에 성공하기까지 실패를 거듭하고 다시 도전하는 최저수치가 6회라는 사실을 잊지 말자. 습관은 정말이지 쉽게 바뀌지 않는다. 진부한 말이지만 부정할 수 없는 사실이다.

셰익스피어는 《햄릿 Hamlet》에서 "미덕을 갖추고 있지 않다면 억지로 가장이라도 해보세요. 반복은 자연의 성질까지도 거의 변화시킬 수 있으니까요."라는 대사를 쓰고 있다. 나쁜 습관을 없애는 데서 나아가 좋은 습관을 기를 수도 있다. 스스로를 다독여 간단하고도 긍정적인 일을 매일같이 반복함으로써 "자연의 성질까지 거의 변화"시킬 수 있다(여기서 셰익스피어는 "거의"라는 단어로 중대한 진실을 포착해낸다. 미덕의 꾸준한 배양은 이를테면 나무에 사포질을 하는 것과 같다. 사포질을 한다고 나무의 본래 구조가 달라지지는 않지만 적어도 거친 표면만큼은 개선한다). 코미디언 루이스 C.K.는 이혼 후 자녀들을 위한 새로운 역할을 맡게 되면서 이 교훈을 실감했다.

나는 쉽게 우울증에 빠지고 많이 먹고 자는 사람이었다. 하지만 이제는 아이들과 함께 있을 때 나를 대신해줄 사람이 없기 때문에 그러지 못한다. 아침 6시면 아이들은 등교할 채비를 하는데 나만 다시 잠들 수는 없는 노릇이다. 나도 일어나 아이들을 학교에 데려다줘야 한다.[24]

어쩔 수 없이 강요된 습관이 긍정적으로 작용한 예다. 그는 마지못해 침대에서 빠져나와 아이들을 학교에 데려다주는 사람으로서만이 아니라, 아이들과 더 밀착된 좋은 아버지로 스스로를 변화시켰다. 그가 억지로 떠맡아야 했던 역할이 제2의 천성이 된 것이다.

이 논리대로라면 습관이나 정해진 일상의 강제는 한편으로 미덕을 형성해준다. 이걸 좀더 확장할 경우 수감생활로부터 혜택을 얻는 건 물론이고, 어떤 측면에서는 즐기기까지 하는 사람들도 있을 거라는 극단적인 추론도 가능하다.

터무니없게 들릴지 모르지만 이런 현상을 여러 차례 목격했다. 유죄 판결을 받고 수감생활을 시작한 죄수를 만나면 그들은 종종 감옥에서 무엇인가를 배웠다고 말한다. "무엇을 배웠나요?" 하고 물으면 보통 이런 대답이 나온다. "그런 생활에 길들여지는 스스로에게 놀랐어요. 그렇게 숙면을 취해본 기억이 없을 만큼 깊고 편하게 잤어요. 몸이 더 가뿐하고 건강하게 느껴지면서 집중력이 높아졌고 정신도 맑아졌죠."

음주나 마약 복용이 불가능해지면서 찾아온 결과이기도 하지만 그게 전부는 아니다. 이런 효과는 건전한 습관과 규칙적인 일상, 말하자면 매일 정해진 시간에 잠자리에 들고 일어나기, 규칙적인 식사, 전보다 많은 운동량 등에 기인한다.

이 같은 현상을 목격한 사람은 나만이 아니다. 역사학자 스티븐 F. 코언Stephen F. Cohen은 저서 《피해자들의 귀환The Victims Return》에서 1950년대 스탈린 치하 소련의 굴락Gulag(강제노동수용소. —옮긴이)으로부터 석방된 사람들에 관해 이렇게 쓰고 있다.

> 다년간의 수감생활은 그들에게서 가족, 직업, 재산, 그리고 소속감을 빼앗아갔다. 어떤 사람들은 심지어 자유의 불확실성보다는 차라리 굴락의 판에 박힌 일상을 선호했다.[25]

책에는 이런 구절도 있다.

어디에도 마음을 붙이지 못한 귀환자들은 "가족 같은" 동료 피해자들의 공동체로부터 위안을 얻었다. 뿐만 아니라 굴락에서 살아남기 위해 경험한 동지애에 깊은 향수를 표출하는 사람들도 있었다.[26]

일정한 삶의 리듬과 일체감이 주는 힘이 얼마나 강력한지를 극단적으로 보여주는 일화다.

시어도어 댈림플이라는 필명을 사용하는 A.M. 대니얼스A.M. Daniels는 죄수들을 위한 정신과의사로 일하면서 수없이 목격한 이 현상에 관해 여러 차례 언급한 바 있다. 저서 《두 번째 소견》에는 그가 어느 죄수와 나눈 대화가 나온다.

댈림플 이번이 마지막이겠지요?
죄수 아니었으면 좋겠어요.
댈림플 여기로 다시 돌아오고 싶다는 뜻인가요?
죄수 지난 10년 동안 바깥사회에서 생활한 시간이 일년밖에 안 돼요.
댈림플 그럼 여기가 더 좋다는 건가요?
죄수 네, 정말 그래요.[27]

감옥 안에서 오히려 행복을 얻는 사람들이 적지 않다는 인식은 서글플 수 있다. 또는 그들의 정서에 공감하면서도 "이런 극단적인 통제는 범죄자들에게만 적용될 뿐 일반적인 경우라면 인간의 자유와 행복

추구권에 대한 모욕이지."라고 일갈할 수도 있다.

그런데 과연 그렇기만 한지 확신이 서지 않는다. 국립정신건강연구원National Institute of Mental Health에서 근무하는 정신과 의사가 들려준 일화를 하나 소개한다. 극단적이고 파괴적인 조울증을 앓고 있음에도 처방된 약물 복용을 게을리하는 환자가 있었다. 이 환자의 조증은 다른 중증 조울증 환자들보다도 훨씬 더 심각했다.

의사는 환자가 증상을 보이지 않는 동안 다음과 같은 조치에 대해 그와 가족들의 동의를 구했다. 다름 아니라 환자가 심각한 조증을 보일 경우, 국립정신건강연구원으로 이송해 외관상 근사한 호텔 방처럼 보이는 곳에 배정하는 것이었다. 병원 의료진은 영상 및 음향기기를 통해 방을 감시했으며, 환자의 몸에도 여러 가지 모니터를 장착했다 (혈압 및 심장박동 측정 기기 등). 이 모니터들 중에는 커다란 손목시계처럼 생긴 게 하나 있었는데, 마치 지진계처럼 환자의 활동량을 지속적으로 확인했다. 잠들어 있을 때 활동계의 수치는 0에 가깝고 펄쩍펄쩍 뛸 때의 수치는 훨씬 높았다.

이 방에 있는 동안 환자가 그 어떤 약물치료도 받지 않았음에 주목하자. 그가 중증 조울증 환자라는 사실을 고려할 때 특히 그러하다. 방에는 특이한 점들이 더 있었다. 환자가 방을 나오지 못하도록 밖에서 잠겼으며, 부상을 예방하고 만일의 자살행동에 대비하기 위해 탁자 등 가구모서리에는 완충재가 부착되었다. 결정적으로 실내의 적정온도를 유지하기 위한 기온조절 장치를 제외하고 밤 10시 30분부터 다음날 아침 6시 30분까지 일체의 전기 공급을 끊었다. 이 야간 단전의 효과는 극적이어서 실내는 그야말로 실낱같은 불빛조차 없는 어둠에 휩싸였다. 아침 시간에 다시 불이 들어오는 것 또한 드라마틱했다(전기 재공급이 여의치 않다면 의료진이 들어가 환자를 흔들어 깨우도록 되어 있었으나, 그런 일은 일어나지 않았다).

첫날 밤, 환자는 밤새도록 잠들지 않고 칠흑같은 어둠 속을 걸어 다니며 혼잣말을 했다. 활동계의 파동은 대형 지진을 연상시켰다. 불필요한 말일지 모르지만, 이 환자가 밤새도록 활동을 멈추지 않았다는 사실은 중증 조울증이 얼마나 심각한 질환인지를 보여준다. 둘째 날 밤도 엇비슷했지만 환자가 적어도 한 시간가량 침대에 누워 있었고, 그 가운데 30분 정도는 잠들었다는 점이 달랐다. 셋째 날 밤도 비슷하게 거의 대부분의 시간 동안 깨어 있었지만 침대에 들어가 좀 자기도 했다. 다섯째 날 밤에야 드디어 깬 시간과 잠든 시간의 비율이 역전되었다. 일곱째 날 밤에는 환자의 수면-기상 주기가 정상적으로 돌아와 불이 꺼진 뒤 30분 안에 잠이 들었고 다음날 아침 6시 30분 불이 켜질 때까지 잠에서 깨지 않았다.

이에 못지않게 중요하고 놀라운 사실은 그의 수면패턴이 정상으로 되돌아오면서 다른 조증 증상도 완화되었다는 점이다. 일례로 그는 입실 이후 쉼 없이 계속해왔던 머릿속 생각들을 주절거리는 행위를 중단했고, 정신 상태도 훨씬 맑아졌다.

많은 사람들에게 고통을 줄 뿐 아니라 경우에 따라 종종 자살로 이어지기까지 하는 중증 조울증을 앓는 사람이, 위태로운 조증의 소용돌이 속에서 약물치료도 없이 엄격하게 통제된 일과만으로 불과 며칠 사이에 건강을 되찾은 것이다. 조울증이라는 파괴적인 질환에 오히려 규칙적이고 통제된 일과가 효과적일 수도 있음을 보여주는 사례다.

제자들 중에서 박사과정을 밟고 있는 한 여학생은 학위논문을 쓰기 위해 약 50명의 학부 대학생에게 수면기록계를 장착하여 약 3주 동안 그들의 수면 상태를 모니터링했다. 논문 제목으로 "대학생들의 수면 습관"이 적절해 보일 정도로 무모한 데가 있었다. 이 과정에서 대학생 자녀를 둔 부모들이 염려할 만한 사실이 하나 발견되었는데, 대학생들의 평균 취침 시간이 새벽 2시 이후라는 점이었다. 이 평균치에 1.5시간의 편차가 있음을 감안하면 그들 중 많은 수가 평균적으로 새벽 3시 이후에 잠자리에 들고, 자정 이전에 잠자리에 드는 학생은 거의 없다는 결론에 다다른다. 수면 시간도 길지 않았다. 평균적으로 여섯 시간이 약간 넘는 정도였다.

이 논문의 주된 목표 중 하나는 수면지수와 자살충동 사이의 상관관계를 파악하는 것이었다. 이 지점은 책과도 맞닿아 있는 주제다. 수면 개선이야말로 자살충동에 특히 취약한 외로운 성이 지향해야 할 내용 중 하나여야 한다고 생각하기 때문이다. 이 여학생의 논문 프로젝트는 3주간의 실험결과를 분석하여 수면장애와 자살충동 증가 사이의 연관성을 증명해냈다. 이는 우울증에도 적용되는데, 수면장애와 자살충동이 우울증에서 비롯한다는 개연성 있는 가설은 배제된 점이 흥미를 끈다.

주목할 만한 사실은 이 논문 프로젝트에서 검토된 수면지수 중, 수면변이성이 자살충동과 가장 강력한 상관관계를 맺는다는 점이었다. 수면변이성은 취침 시간과 기상 시간의 불규칙성을 가리킨다. 자살충동을 예고할 수 있다는 측면에서 수면변이성은 수면 시간이나 수면효율 등 다른 주요 지수들을 압도했다.

50세 이상의 미국 흑인들을 대상으로 한 최근 조사에서도 유사한 결과가 나타났다.[28] 수면변이성은(연구진은 이를 특정일의 수면 시간과 통상적인 평균 수면 시간의 편차로 규정했다) 다음날의 인지적 수행능력을 예측케 했다. 인지적 수행능력은 기억력과 언어구사력, 그리고 "특정한 시간(예를 들면 11:10, 3:25, 9:10, 6:55, 6:10, 1:45, 4:5, 9:40)을 그려내는 능력"[29]을 측정하기 위한 시계 그리기 테스트 등 기타 과제를 통해 측정되었다. 수면변이성이 이 같은 수행능력에 지대한 영향을 미칠 수 있다는 사실로 미루어보아 그 중요성을 짐작할 수 있다. 앞서 언급한 학위논문의 결론 또한 마찬가지다.

약물남용 및 정신건강 서비스관리국 Substance Abuse and Mental Health Services Adminstration은 자살의 10대 위험신호 중 하나로 수면 부족을 꼽고 있으며, 우리가 도달한 결론도 그와 일치한다. 본 논문에서 제시한 조사에서 수면장애지수는 자살 증상의 급격한 증가를 예고함으로써 그 위험 정도가 우울증보다 훨씬 높다는 사실을 보여주었다. 이런 면에서 수면장애는 자살을 경고하는 위험신호가 될 수 있다. 이 같은 결론은 수면변이성이 불면증과 악몽(악몽에 관해서는 뒤에서 좀더 다룰 예정이다.) 등의 주관적·객관적 수면 부족현상과 더불어 검토되고 또 기존 자살위험 평가 모델들과 통합되기에 적절한 위험요소일 수 있음을 암시한다. 여타 자살 위험요소들에 비하여 수면은 교정이 가능하며 치료에 사용하기도 수월하다. 게다가 기타 심리적 질환에 비해 낙인찍힐 가능성도 적은 편이다.

마지막 두 문장은 앞으로 정신건강 서비스가 나아가야 할 방향을 제시해준다. 즉 간단하고 효과적이며 환자들이 받아들일 수 있는지 여부가 주요 골자다.

이 학위논문의 주목표는 수면장애와 자살충동 간의 관계를 파악하는 것이었다. 따라서 수면에 관한 남녀 간의 차이에는 초점이 맞추어지지 않았다. 나는 논문을 쓴 학생에게 이 측면을 고려하여 재검토해줄 것을 요청했고, 그녀는 흔쾌히 수락했다. 그녀가 발견한 내용은 시사하는 바가 많다.

먼저 이 참가자들이 평균 19세쯤 되는 젊은 남녀 대학생이었다는 데 주목하자. 이때부터 이미 성별 간 차이가 나타나기 시작한다. 남학생들의 수면 시간이 전반적으로 짧았고, 숙면도도 낮았을 뿐 아니라 잠자리에 들어서 잠들기까지의 시간도 더 길었다. 또한 숙면의 방해요소인 악몽의 빈도도 더 높았다.

최근의 임상경험과 자살행동에 대한 과학적 연구를 고려할 때 악몽을 독자적인 연구 대상으로 다루어야 할 필요성이 있다는 사실을 절감하게 된다. 악몽은 숙면을 방해하는 차원에서 끝나지 않고, 상상을 초월한 고통과 의욕 저하를 불러온다.

19세기의 영국 시인 새뮤얼 콜리지Samuel Coleridge는 악몽을 "밝아오는 날을 슬프고 혼란스럽게 만드는" "밤의 낙담"이라 표현했다. 셰익스피어는 《햄릿》에서 "나는 스스로를 호두껍질 속에 갇힌 무한한 상상력 속의 제왕쯤으로 여길 수도 있다. 악몽만 꾸지 않는다면."이라는 대사를 남겼다. 악몽에 신음하는 사람이라면 동의할 것이다.

고통스러운 악몽에 수시로 시달리는 환자들은 "잠에서조차 편안할 수 없는데, 가장 안락하고 평화로워야 할 시간에 끔찍한 공포가 찾아오곤 하는데, 과연 내게도 희망이 있을까요?"라고 탄식한다.

환자의 탄원에서도 살펴볼 수 있듯, 악몽은 자살충동을 불러일으키는 위험요소 중 하나임이 연구를 통해 입증되고 있다.[30] 따라서 적절히 치료하지 않으면 무서운 결과를 초래할 수 있다.

악몽이나 여타 수면장애가 남성의 외로움이라는 문제와 어떤 관계가 있을까? 대학시절 친구 중 한 명은 여자친구와 자신이 둘 다 너무 바쁜 나머지 서로 거의 만나지도 못하며 산다고 불평했다. 이 문제를 해결하기 위해 두 사람은 거처를 합쳤다. 둘은 너무 바빠서 함께 살면서도 서로를 거의 못 봤지만, 대신 매일 밤 함께 잤다. 이건 섹스만을 가리키는 것은 아니다. 내 친구는 비록 잠든 상태라 해도 함께 있음으로써 모종의 친밀감을 형성했다고 이야기했다.

이 말을 들으면서 약간 터무니없다고 생각했던 기억이 난다. 서로 대화하거나 뭔가를 함께 하지 않고서 어떻게 진정한 애정이 싹틀 수 있단 말인가? 하지만 내 생각은 틀렸다. 친구의 경험은 유효했으며, 그의 성별과 젊은 나이를 생각하면 참으로 칭찬해줄 만한 발견이었다. 예상컨대 20대 남성 대부분은 나처럼 반응하는 반면 그 또래 여성들은 다르게 반응할 것 같다. 확언컨대 내 아내는 이 원리를 나보다 훨씬 깊이 그리고 일찍부터 이해해왔다.

수면 중 친밀감이란 게 실재할 뿐 아니라 건강에도 중요하다는 사실을 증명하는 연구문헌이 점점 늘고 있다. 다음은 한 저명한 수면 연구자의 전언이다.

수면은 의식의 중지와 경계태세 해제를 요하는 행위라는 점에서 근본적인 애착행동으로 간주될 수 있다. 이 상태는 신체적·정서적 안전감을 느낄 때 최적화된다. 유사 이래 인간은 현실적 혹은 상상 속 위협 앞에서 친밀한 사람들과의 관계를 통해 신체적·정서적 안전감을 확보해왔다.[31]

수면 연구자들은 이성애자 커플 스물아홉 쌍의 수면일지 연구를 실시했다. 일지 데이터에다 앞서 언급한 조증 환자의 수면 상태 평가와 "대학생들의 적나라한 수면 습관" 연구에 활용되었던 수면기록계의 기록이 함께 분석되었다. 또한 연구진은 이 커플들이 낮 동안에는 어떤 관계성을 보이는지 조사하기 위해 "생태적·순간적 평가"라는 기법을 사용했다. 참가자들은 모바일폰을 들고 다니며 하루에 몇 차례씩 신호가 울리면 기기에 찍힌 질문에 답해야 했는데 질문은 주로 친밀감, 협조 그리고 갈등에 관련된 것들이었다. 커플들은 일주일 동안 수면일지를 작성했고 수면기록계 측정을 받았으며 하루에도 몇 차례씩 생태적·순간적 평가에 응답했다.

여기서 몇 가지 흥미로운 결과가 나왔다. 두 사람이 대략 같은 시간에 잠드는 정도와 다음날 두 사람의 조화가 긴밀히 연관되어 있었다. 수면 시작 시간이 대략적으로라도 일치할 경우, 다음날 다툼 횟수가 줄어들고 관계에 대한 만족도 향상으로 이어지는 것으로 나타났다. 전반적인 수면의 질과 관련해서도 비슷한 결과를 보여 숙면한 다음날은 두 사람 모두에게 한결 더 만족스런 관계가 이루어졌다. 숙면과 관계성은 쌍방향적이어서 (일부 분석에 따르면) 향상된 관계의 질은 다시 그날 밤의 숙면으로 이어지는 경향도 확인되었다.

어느 정신분석학 논문에 따르면 "수면은 온전히 혼자 있을 수 있는 위대한 시간이다."³² 하지만 나는 위 사례를 비롯해 다수의 연구결과가 드러내듯이, 우리가 잠들어 있는 동안에도 상호 소통한다는 견해를 지지한다. 잠을 자는 와중에도 애착이 형성된다니, 우리는 진정한 군거 동물이라 하겠다.

수면은 생체리듬의 필수요소이며 따라서 조화로운 수면은 사람들이 좀더 조화롭게 살아가도록 돕는다. 생체리듬에 있어 또 하나의 주요 요소로 음식 섭취를 들 수 있다. 수면과 마찬가지로 부인할 수 없는 생물학적 현상인 섭식은 사회문화적 중요성을 띠기도 한다. 인류 전체를 통틀어보아도, 식사하는 시간 특히 저녁식사는 개인과 사회적으로 매우 중요한 역할을 수행한다. 수렵시대에 대한 아래 묘사는 최소한 지난 10만 년간의 인류 역사 전체에 적용해도 좋을 듯하다.

> 사냥꾼들이 어둑어둑한 숙소로 돌아오는 저녁이면 가족들은 모닥불 주위에 둘러앉아 저녁을 먹는다. (…) 오직 저녁에만 온 가족이 모여 제대로 된 식사를 함께한다.³³

해가 지면 일가족이 모닥불 주변이나 식탁 앞에 모여앉아 저녁을 먹는 모습에서 소박하고도 탄탄한 연대감이 느껴진다. 악화일로의 남성 외로움에 대한 해결책은 식사시간이나 심지어 수면 중의 친밀감, 악몽의 재구성처럼 단순하고도 효과적인 것들에 내재한 구성원리에 바탕을 두어야만 한다. 해결책은 간단해야 하고 가능하다면 최소한도의 저항을 유발하는 경로를 밟아 점차적으로 상향조정되어야 한다. 또한 과학적 데이터나 흥미로운 일화들, 혹은 두 가지 모두를 포함하는 설득력 있는 논리로 무장되어야 한다. 인내와 끈기는 이 과정에서 필수다.

타당성 또한 반드시 필요하다. 일례로 미 해군이 자살 급증 문제를 해결하기 위해 개발한 프로그램은 타당성이란 차원에서 합격점을 받을 만하다. 이 프로그램은 하급 장교들에게 부하들의 신상문제에 긴밀히 관여하여 정신건강을 비롯한 잠재적 문제들을 식별하도록 책임을 부여한다. 이 프로그램을 총괄 지휘하는 피터 프로이에토 일등상사는 한 일간지와의 인터뷰에서 이렇게 말했다. "단순히 '위로'하자는 뜻이 아닙니다." 네 차례 전쟁 경험을 지닌 참전용사 프로이에토는 다음과 같이 덧붙였다. "우리는 이 문제를 해병답게 다룰 예정입니다. '전우야, 도대체 무슨 일인데 그래? 문제가 있다면 함께 고치자.'라고 터놓고 말을 건네는 겁니다."[34]

현실적인 타당성과 처방 실현가능성은 정신건강 의학계에 존재하는 말썽 많은 문제들에 대한 해독제라 할 만하다. 여러 해를 심리치료 등의 훈련을 받으며 보낸 수많은 정신과의사와 심리학자들은 (투입된 돈의 액수는 말할 필요도 없다) 스스로를 박식하고 현명한 사람이라고 여긴다. 따라서 이를테면 "매일 아침 똑같은 시간에 기상하세요."처럼 '뻔해 보이는' 단순한 처방 내리기를 터부시한다. 나는 엄격하게 통제된 종류의 심리치료 훈련을 받는 경험 많은 심리치료사들로부터 이 현상을 직접 목격했다. 강사진은 심리치료사들이 이 기법을 공식 그대로 사용할 것을 강조했지만 심리치료사들은 반복해서 정해진 공식에서 벗어나 강사진의 애를 태웠다. 임상훈련을 시작한 지 한두 해에 불과한 젊은 심리치료사조차 이런 경향을 보였다. 이유를 물으면 그들은 하나같이 정해진 규율에서 벗어날 때 직관, 통찰력, 지혜 등을 보여줄 수 있다고 대답했다.

이런 유형의 심리치료사들은 직관과 통찰력이 풍부해서 환자들의 존경을 한몸에 받을 수는 있겠지만 정작 환자의 실질적이고 지속적인 행동 변화를 이끌어내지 못한다.

나는 자살로 생을 마친 시인 랜덜 재럴Randall Jarrell의 생각에 공감한다. 그는 고통을 지혜와 혼동하는 것은 잘못이며, 고통은 불필요하고 불완전하며 아무런 긍정적인 가치가 없다고 단언했다. 또한 토니 저트가 근위축성측색경화증(루게릭병으로도 불리는 신경계 질환. —옮긴이)의 영향에 관해 회고록에 남긴 말에도 동의한다. "상실은 상실일 뿐, 아무리 의미 부여를 해봤자 소용이 없다."[35] 낭만화된 고통을 생각하는 사람들이 아니라 실제로 고통을 온몸으로 겪어낸 사람들이(한 사람은 심각한 우울증, 다른 한 사람은 루게릭병) 이런 말을 남겼다는 사실은 우연의 일치가 아니다.

왜 통찰력 있는 전문가들이 환자의 증상이 호전되지 않는다는 명백한 사실을 심할 경우 수년 동안 알아차리지 못하는 것일까? 나는 이 질문에 대해 명쾌한 답변을 갖고 있지 않다. 하지만 자연 앞에서 겸손하지 못하기 때문이라는 부분적인 답변을 제시할 수는 있다. 직관과 통찰력을 지향하는 심리요법은 암이 방사능 처리되듯 인간 본성도 어느 정도는 재설계될 수 있다는 관념에 바탕을 둔다. 하지만 "영혼의 재설계"는 심리치료 측면에서 그다지 탁월한 실적을 내지 못했다(20세기의 독재자들과 대량학살범들의 정치철학으로서는 굳이 더 말할 필요도 없다. 여러 지역에 존재했지만 그 기원은 스탈린을 거쳐 레닌과 마르크스로 거슬러 올라가면 쉽게 찾을 수 있다. 마르크스는 "철학은 다양한 방식으로 세계를 해석했을 뿐이다. 하지만 요점은 세계를 어떻게 변화시킬 것인가이다."라고 말한 바 있다).

보다 현실적인 태도는 인간 정신이야말로 아직 제대로 탐험되지 않은 미지의 변경지대라고 보는 것이다. 인간 정신을 온전히 파악하거나 구축하기에는 아직 역부족이다. 따라서 적절한 태도는 순리대로 진행되도록 두고 그것이 순조롭지 않을 때 그저 슬쩍 밀어주어 다시 제 궤도로 돌아갈 수 있도록 돕는 것이다.

사람들을 "슬쩍 도와서" 제 궤도로 돌아가도록 하는 일은 그 자체로 하나의 심리요법 분야가 될 수 있는데, 이에 대해서는 뒤에서 더 자세히 살펴보도록 하자. 단순한 방법들이 발휘하는 힘은 실로 놀랍다. 그리고 바로 그것이 진리이기도 하다. 이런 태도는 고도의 전문적인 훈련을 받은 이들로서는 포용하기 어려운 겸손을 요한다.

두 가지 사례를 들어보자. 이미 살펴본 대로 우울증 치료법 중 하나로 환자들이 조금 더 활동적이 되도록 변화를 주는 방법이 있다. 행동활성화라고 부르는 이 요법은 단순하며 재미있는 활동을 계발함으로써 장애물을 제거한다. 대단히 방대하며 매력적인 선견지명을 보여주는 고전 《우울의 해부*Anatomy of Melancholy*》(1621년 출판된 책이므로 다소 빗나간 선견지명이 있다 해도 용서해주자)를 쓴 로버트 버튼Robert Burton은 "나는 우울에 관한 글을 쓰면서 바쁘게 지냄으로써 우울해지지 않을 수 있다."[36]라고 말했다. 물론 로버트 버튼 식의 방법이 누구에게나 통하지는 않는다. 반면 동네 산책하기, 친구에게 전화 걸기, 정원 돌보기, 책 읽기 등은 누구에게나 가능하지 않을까. 이런 활동들을 규칙적으로 반복하면 우울증의 고통스럽고 치명적인 증상들을 상당부분 완화시킬 수 있다.

이 가정은 얼마나 견실할까? 우리는 이미 심한 조증에 시달리던 남성이 수면 패턴을 규칙적으로 바꾼 것만으로도 큰 변화를 가져왔음을 확인했다. 행동활성화 요법은 엄격한 실증적 검토의 대상이 되어왔다. 이 요법은 한 임상실험에서 인지 요법 및 항우울제 약물투여 요법과 비교되었다.[37] 연구진은 2년에 걸쳐 실험에 참가한 환자들을 관찰하며 치료효과와 지속성을 평가했다. 환자들을 빠르게 치료하는 데 그치는 것이 아니라 그 치료효과가 지속되도록 하는 것이 목표이므로 지속성 평가는 대단히 중요하다. 약물투여 요법을 받는 환자 중 일부는 중간에 플라시보placebo(약리효과를 평가하기 위해 사용되는 가짜 약. —옮긴이)를 투여받았고, 나머지는 계속해서 진짜 약물을 투여받았다(실험에 참가한 환자들은 이러한 실험 방법을 알고 숙지동의서에 서명했다. 다만, 자신이 플라시보를 받을 것인지 계속해서 진짜 약물을 받을 것인지는 비밀에 붙여졌다). 실험에 참가한 환자들 가운데 처음에는 진짜 약물을 받았다가 도중에 플라시보를 받은 사람들에게서 우울증 재발 비율이 가장 높게 나타났으며 다른 세 그룹, 즉 계속해서 진짜 약물을 투여받은 환자들, 인지 요법을 받은 환자들, 행동활성화 요법을 받은 환자들은 모두 비슷하게 양호한 경과를 보였다.

이 결과는 크게 두 가지 이유에서 놀랍다. 첫째, 행동활성화 요법과 인지 요법은 약물 투여라는 강력한 요법과 비교해서 뒤처지지 않는 지속적인 효력을 보여주었다. 둘째, 어떤 치료법도 행동활성화 요법보다 우수한 결과를 보이지 않았다. 매우 고통스럽고 치명적인 질환에 대한 단순한 접근법이 심리학적(인지 요법)으로나 생물학적(항우울제 약물 요법)으로 훨씬 복잡한 접근법과 비교해 동등한 효과를 발휘한 것이다.

이 모든 사실을 종합해보면 두 가지 추론이 가능하다. 첫째, 우울증이나 인간 본성 자체가 매우 단순해서 행동활성화 요법이 제대로 영향을 끼쳤다. 둘째, 우리의 본성은 복잡다단한 영장류 진화의 결과물로, 정서적 방황을 행동활성화 요법을 통해 슬쩍 밀어줌으로써 제 궤도로 귀환시켰다.

우울증의 복잡성과 고통은 차치하고 인간 본성을 가장 표피적인 차원에서 바라보기만 해도 두 번째 추측이 옳다는 결론을 얻을 수 있다.

## 건강한 방향으로 슬쩍 밀어주기

이러한 논증은 "슬쩍 밀어주기" 심리치료의 정당성을 입증해주는 기반이 된다. 또한 영혼과 정신의 재설계는 우리의 능력 밖에 있음을, 사람들을 슬쩍 도와줌으로써 본연의 리듬과 궤도를 회복하게끔 하는 것이 훨씬 좋은 방법이라는 사실을 드러낸다.

그렇다면 어떻게 "슬쩍 밀어줘야" 하는 것일까? 사람들로 하여금 더 건강하게 자고 먹고 활동량을 늘리고 다른 사람들과 관계하도록, 골방에서 나와 세상 속으로 다가가고 참여하도록 부추기는 것이 합당한 해답이다. 앞 장에서 지적했듯이 긍정성은 시야를 확장시켜 긍정적인 경험을 열어주고 결과적으로 더욱더 긍정적인 정서로 이어지는, 긍정의 연쇄반응을 이끌어낸다. 아주 살짝만 곁에서 힌트를 주어도 이 연쇄반응을 통해 중대한 변화를 가져올 수 있다.

이제 "슬쩍 밀어주기" 개념을 뒷받침해줄 사례를 들어보기로 하자. 내가 치료를 담당했던 심각한 우울증 환자에 관한 이야기다. 그는 50대 남성이었고 무척 외로웠다. 진료는 어느 해 1월에 시작되었는데 이 시기에는 상징적인 의미가 담겨 있다. 30대 중반에 시작된 우울증에 그는 거의 20년 동안 발작적으로 시달렸다. 그가 기억하기로 우울증은 매년 11월 즈음에 시작해 봄이 되면 저절로 사라졌다.

여기서 주목할 점 두 가지를 지적하고 넘어가야겠다. 첫째, 이 환자의 경우 우울증이 시작된 나이가 이미 통례에서 벗어나 있다. 고질적인 우울증 환자의 발병 연령은 대체로 20세 안팎인 반면 이 환자는 30대 중반에 처음으로 우울증을 앓았다. 둘째, 발작이 주로 겨울에 일어났다는 사실은 그의 질환이 계절적 정서장애일 가능성을 보여준다. 이는 우울증에서 일반적으로 찾아볼 수 있는 패턴이다. 하지만 계절적 정서장애는 주로 일조량이 부족한 겨울철과 관련되어 있으며 따라서 우리가 사는 남부지방에서는 드물다. 더욱이 진정한 계절적 정서장애를 지닌 환자들은 수면 과다 및 과식 등의 장애를 겪는 경향이 있고, 반대로 계절과 관련 없는 우울증 환자들은 통상 불면증과 식욕 부진을 겪는다. 내 환자는 불면증과 식욕 부진을 겪고 있었다.

환자의 우울증이 심각해서 치료를 서둘러야 했기 때문에 이 의문을 풀기 위해 따로 시간을 쓸 여유가 없었다. 그는 중증이었고 자살충동을 배제할 수 없어서 나는 입원치료를 강력히 고려했다.

즉시 입원시켜야 한다는 논리는 그의 자살 상상이 잔혹하게도 방혈

(피를 다 뽑아내고 사망함. —옮긴이)이라는 점, 그리고 그런 상상을 아무렇지도 않다는 듯 담담하게 전달한다는 점에 입각한 것이었다. 하지만 결국 입원 대신 안전 점검을 통한 철저한 감시라는 결정을 내렸는데 자신의 입원이 열네 살 된 아들에게 미칠 영향을 우려했기 때문이었다. 아이는 환자에게 모든 것을 의미했고 그가 가진 유일한 인간관계나 다름없었다.

나는 경험 부족과 한시 바삐 치료를 시작해야 한다는 조급함으로 인해 수많은 의문점들을 따져볼 겨를이 없었다. 예를 들어, 아이가 열네 살이라는 사실과 우울증이 14년 전쯤에 시작되었다는 사실은 우연인가? 그는 천성적으로 말수가 적고 냉정한 편이었다. 그렇더라도 무엇이 아이 엄마에 대한 언급을 극도로 함구하게 만들었을까? 또한 비교적 늦은 나이의 발병, 이치에 맞지 않는 계절적 정서장애 패턴은 어찌된 영문인가?

우리는 인지 요법을 시작했다. 인지 요법은 앞서 행동활성화 요법에 대한 임상실험이 보여주었듯 경험적 실증을 통해서도 인정받고 있는 치료법이다. 그런데 치료를 시작한 지 5주가 지나도 별다른 변화가 없었다. 확인한 것이라곤 아들에 대한 그의 애정과 우리 모두 아들을 키운다는 데서 오는 유대감이 형성됐다는 정도였다. 5주라면 약간의 증상 호전이 나타날 만한 시간이었는데도 말이다.

치료법을 재점검하고 새로운 시도를 꾀해야 했다. 나는 최초심사 기록을 다시 뒤져보았고 도드라지는 의문점을 발견했다. 다음 치료 시간에 아이 엄마에 대한 의문을 꼭 풀고 말겠다고 결심했다.

내 결의와 그에 대한 환자의 반응은 내 임상 경력을 통틀어 가장 인상적인 경험 중 하나로 남아 있다. 치료시간의 첫 절반은 아이 엄마에 대한 사연을 집요하게 캐묻는 나와 질문을 요리조리 회피하다 갈수록 긴장하고 분노하는 환자 사이의 대립으로 소진되었다. 그러다 갑자기 그가 울기 시작했다.

처음에는 냉정하게 굳은 그의 얼굴을 타고 눈물 몇 줄기가 흘러내리더니 이윽고 고통에 찬 흐느낌으로 이어졌다. 길어야 5분 정도였겠지만 무척 긴 시간으로 느껴졌다. 그는 두세 차례 무어라 말을 시도했지만 기껏 한두 마디가 나오면 금세 흐느낌으로 이어져 말을 잇지 못했다. 나는 "시간은 충분해요. 서두를 것 없어요."와 같은 말들을 중얼거렸을 것이다.

감정이 다소 진정되자 그는 여전히 눈물을 흘리면서 말했다.

"이런 이야기는 절대 안 하는데, 아들이 태어나고 두어 주 후에 아내는 나를 떠났어요. 아기를 낳고 정신이 좀 이상해졌던 게 아닌가 싶어요. 그냥 그렇게 떠나버렸죠. 그러더니 이따금 말도 안 되는 엽서를 보내오곤 했지요. 그녀에게 전화를 걸고 직접 찾아나서기도 하는 등 가능한 모든 일을 했어요. 한번은 통화가 됐는데, 아내는 증오에 찬 목소리로 다시는 나를 만나지도 대화를 나누지도 않을 거라고 하더군요. 내가 '하지만 도대체 왜? 우리 아들은 어떡하고?'라고 외치자마자 그녀가 전화를 끊었어요. 그 후에도 계속 노력했지만 결국에는 포기했어요. 이야기를 나누기는커녕 마지막으로 소식을 들은 게 벌써 10년이 넘었어요."

"언제 일어난 일이죠?"

"아까 말했듯이 아들이 태어난 직후에요."

"예. 그러니까, 아들의 생일이 언젠가요?"

"14년 전 10월요. 그녀는 그해 11월에 떠났고요."

"11월이라, 음. 아주 비참한 상태였겠군요."

"그럴 여유가 없었어요. 돌봐야 할 갓난아기가 있었고, 또 직장을 다녀야 했으니. 아기를 봐줄 사람을 구해야 했어요. 잠시 짬이라도 나면, 아내를 수소문해야 했고요."

"애도할 시간이 없었겠군요."

"그랬죠."

나는 환자에게 그가 왜 우울한지, 그리고 우울증이 언제 어떻게 시작되었으며, 왜 11월에 재발하는지에 대해 말해주었다. 내 소견은 한마디로 "미완의 애도"[38]였다. 《정신질환 진단 및 통계 편람》의 개정판 작업과 관련하여 애도를 병리화한다는 비판이 들끓은 바 있다. 그 비판의 요점은 사별이 자연스러운 일이며 따라서 정신질환으로 간주해서는 안 된다는 것이었다. 《정신질환 진단 및 통계 편람》 편집진도 같은 생각이며 일반적인 애도 과정을 정신질환으로 분류할 의도는 전혀 없을 것이다. 다만 위 환자와 같은 반응, 다시 말해서 심각한 자살충동을 동반하는 고질적 우울증은 정신질환에 해당한다는 게 그들의 주장이다.

이와 같은 질환에 대한 효과적인 치료법으로 "슬쩍 밀어주기" 식의 심리치료, 즉 자연스러운 애도 과정을 거쳐 해결에 이르도록 굳어진 바퀴에 기름을 쳐주는 방법을 들 수 있다. 이런 방법은 위 사례에서처럼 내가 환자에게 자신의 상실에 대해 이야기하도록 집요하게 권유한 것과 같은 소통으로 이루어진다. "진심으로 돕기 위해 잔인한"이라는 표현이 가리키듯 심리치료사의 역할은 캐묻고 상기시키고 심지어 회유하여, 환자가 잃어버린 사람에 관해 이야기하게 만드는 것이다. 물론 그 바탕에는 끈질긴 노력이 중도에 막혀버린 애도의 길을 다시 터줄 것이라는 신뢰가 깔려 있어야 한다.

이 우울증 환자의 경우가 좋은 사례이다. 이후 치료는 위에 언급한 대화와 유사하게 처음에는 주저하다가 감정적 고통의 돌파구가 열리고 점진적으로 대화가 이루어지면서 그 격한 감정이 누그러지는 패턴으로 진행되었다. 그러나 치료를 거듭할수록 망설임과 격한 고통이 감소했다. 여덟 번째 치료가 시작될 무렵, 그는 여전히 아파했지만 견딜 만하다는 어조로 자신의 상실에 대해 이야기할 수 있게 되었다. 무엇보다 중요한 것은 이 과정을 통해 우울 증세 완화는 물론이고, 그가 새로운 친구들을 사귀기 시작했다는 사실이다.

우리는 그로부터 얼마 지나지 않아 심리치료를 중단하기로 했다. 3월 후반이었다. 나는 그에게 돌아오는 11월이나 12월에 전화를 걸어 치료효과를 점검해도 좋겠느냐고 물었다. 치료를 지속할지 여부를 확인하고 싶었거니와 병세 호전이 봄철 도래와 함께 나아지곤 하는 계절적 영향 때문이라는 가능성을 배제하고 싶었기 때문이다. 그는 흔쾌히 수락했다. 나는 그해 12월 전화를 걸었고, 그가 더 이상 우울증에 시달리지 않으며 인간관계가 계속해서 증진되고 있다는 소식을 전해 듣고 깊은 안도감을 느꼈다. 나는 만일 어떤 변화라도 생기면 전화하라고 말했고, 그에게서 전화가 오지 않을 경우 이듬해 12월에 점검 전화를 걸겠노라고 덧붙였다. 약속대로 그에게 다시 전화를 걸었을 때도 그는 여전히 우울증으로부터 자유로웠고 가족, 친구들과의 굳건한 유대 속에서 살고 있었다.

그의 삶을 가로막는 중대한 장애물의 정체를 파악한 후 내가 그의 회복에 미친 기여를 고려해보자. 나는 그에게 힘겨웠던 시절에 관해 계속 물었고 우리 대화가 주제에서 벗어나지 않기를 고집했으며 그가 흐느낄 때는 "서두르지 말아요."와 같은 말을 해주었다. 결코 복잡하지 않았다. 또한 초기에는 훨씬 복잡한 인지 요법으로 시작했지만 별다른 효과를 보지 못했다는 사실을 기억하자. 마치 자연이 그러하듯 내가 그저 슬쩍 밀어주는 역할을 수행했을 때에야 비로소 효력이 발생했다.

도회적 세련미에 끌리는 사람들은 이처럼 단순한 일의 놀라운 효과를 하찮게 여기는 습성에 빠지기 쉬운데, 아주 치명적인 태도다. 이러한 태도와의 결별이 어느 회고록 작가가 자살을 부를 뻔했던 정신질환을 극복하는 데 중요한 열쇠가 되어주었을지 모른다.

나는 "가장 일상적인 것이야말로 가장 유쾌한 것이다."라는 말이 놀랍도록 심오한 진리임을 깨달았다. 고급과 저급, 고상함과 평범함, 미묘함과 명백함을 구분해온 조야한 습관을 떠나보내며, 아이와 노는 일처럼 평범한 일상이 상상력과 열정을 품고 임하면 한없이 즐거운 경험일 수 있음을 발견했다.[39]

그는 한 가지 중요한 단서를 덧붙인다. 단순한 일이란 노력을 기울이지 않아도 되는 일을 의미하는 게 아니라는 사실이다. 노력하는 법 배우기는 (일상적이고 단순한 일과 관계를 유지하는 법 등) 외로운 성 문제를 해결하기 위한 필수조건이다.

매일 누군가에게 전화 걸기, 옛 친구들과 재회하기, 수면 시간 규칙화하기, 자연과 교감하기 등 남성 외로움에 대한 해결책들의 일부는 앞에서 짧게나마 다룬 적 있다. 자연생활의 효과를 묘사한 기사를 소개한다.

한두 해 전에 두 명의 사회학자가 장을 보러온 사람들을 관찰했다. 먼저 슈퍼마켓, 그리고 다음에는 파머스 마켓farmers' market(농산물 직판장. —옮긴이)이었다. 그 결과 파머스 마켓 손님들의 대화량이 피글리 위글리 Piggly-Wiggly(미국 슈퍼마켓 체인의 하나. —옮긴이) 손님들에 비해 10배 많았다.[40]

지금 당장 시행할 만한 구체적이고 간단한 해결책을 원한다면, 파머스 마켓에 가보는 것은 어떨까.

나는 최근 집 뒤뜰에 오이를 심었다(이웃들과 교류하게 해주는 또 하나의 행위이기도 하다). 물론 이웃들이 집에 없을 때는 혼자만의 활동이 될 수도 있지만, 그냥 혼자 있는 것보다는 자연과 교감하는 쪽이 훨씬 낫다. 또한 취미 삼아 시작한 정원 일로 인해 다른 사람들, 그중에서도 내 기타 관심사에 (스포츠, 맥주, 일) 흥미를 느끼지 않는 사람들과의 대화거리가 한 가지 늘어난 점도 고무적이다. 실제로 정원 일에 열정적인 사람들은 비료나 해충방제 같은 것들에 대해 뭔가 아는 사람이라면 대상을 가리지 않고 관심을 기울이는 경향이 있다.

또한 건강에 해가 되는 나쁜 습관에 조금이나마 건강한 측면을 부여하는 하나의 방편으로, 자신이 피울 담배를 직접 재배하는 방안도 있다. 일부 사람들은 담배를 기른다는 발상에 놀라지만, 담배는 식물이며 그것을 직접 길러 피우는 것은 합법적인 행위다 (물론 담배를 길러 세금을 내지 않고 판매하는 행위는 불법이다). 유해한 첨가물을 피할 뿐만 아니라 날로 높아지는 담뱃값 지출을 줄인다는 이점도 있다. 담배에 관한 일차적인 충고는 물론 완전히 끊으라는 것이겠지만 골초들, 특히 남자들에게는 스스로 담배를 기름으로써 자연과 교감하고 다른 흡연가 및 정원 일을 즐기는 사람들과의 교류를 누려보라고 권유하고 싶다.

잠재적인 악습을 유사한 흥미를 가진 이들과 교감할 수 있는 취미로 전환하는 사례를 하나 더 들어보자. 맥주 또는 와인 만들기는 고유의 즐거움뿐만 아니라 자연현상을 이용하는(효모의 작용) 기쁨을 준다. 나아가 다른 사람들과의 관계에 윤활유 역할을 하며 "나를 건드리지 마" 유형의 사람들에게 매력적인 취미가 된다. 나도 직접 해봤는데 그로 인해 확장되는 사교의 폭은 사뭇 놀라울 정도다.

극도로 외로운 사람이 이 장에서 제시한 충고를 따른다면 (실천 가능하고 효력이 입증된 두 가지 예를 들자면, 1. 자연의 치유력에 관심을 기울이고 2. 매일 누군가에게 전화를 거는 것) 누가 슬쩍 밀어주기라도 한 듯 외로움의 오솔길로부터 빠져나올 수 있을 것이다. 외로움이 초래하는 고통을 생각할 때 이러한 도움이 가능하다는 점은 참으로 숭고하다.

지금까지는 단순한 방법론(가령, 다른 사람들이 너에게 해주기를 바라는 것을 다른 사람들에게 해주어라)보다는 화려한 방법론(가령, 정신분석학)들이 더 많이 권장된 게 사실이다. 하지만 화려함은 대체로 효과가 없다

(번지르르한 학문적 수사학에 관심 있는 것이 아니라면 말이다. 그리고 만일 그렇다면 그는 그다지 외롭지 않은 사람일 것이다. 진정으로 외로운 사람은 대책 마련이 시급할 테니까). 구체성을 결여한 지나치게 단순한 방법 또한 마찬가지다.

이 장에서 제시한 충고는 외로운 이들을 슬쩍 밀어주는 것으로 충분하다. 다음 장에서는 구체적 사례를 좀더 들어보기로 하자.

# 8장 건강한 인생을 회복하는 현실적인 방안들

역사학자이자 철학자인 미셸 푸코Michel Foucault는 저서 《정치, 철학, 그리고 문화Politics, Philosophy, and Culture》에서 다음과 같이 쓰고 있다.

나는 우리문화에서 침묵이 사라졌다는 사실에 탄식한다. 우리는 침묵하지 않는다. (…) 나는 다시 침묵의 문화를 만들어내자는 의견에 기꺼이 찬성한다.[1]

짐작했겠지만 나는 유명한 철학자들의 생각에 그다지 감동을 받지 않는다. 특히 침묵을 강조하는 태도에는 더더욱 반대한다. 푸코와 같은 인물을 둘러싸고 있을 그 모든 소란이 그로 하여금 침묵을 갈구하게 했으리라는 점은 물론 이해한다. 적어도 그 지점에 있어서만큼은 나도 그와 비슷한 의견이다. 대학교수들에 의해 반복적으로 남용되는 신성한 특권 즉, 홀로 남아 평온하게 독서하고 사색하고 집필하는 행위의 가치에 대해서도 일부 동의한다. 읽고 생각하고 쓰기 위해 자리에 앉기가 무섭게 서재를 드나들며 소리를 지르는 아들 둘과 반려동물 두 마리를 둔 가장으로서, 푸코가 주장하는 고독의 이상화 또한 납득한다. 하지만 그처럼 뛰어난 학자가 침묵을 문화적 가치로 격상시키는 일은 억만장자가 자신의 부를 탄식하면서 모든 사람이 돈을 덜 가져야 한다고 주장하는 것과 같다.

최근의 한 기사는 이렇게 충고한다.

침묵은 "우리가 할 수 있는 것"이자 우리가 추구해야 하는 의식이다. 우리는 매일 무엇에 귀를 기울일지 결정한다. 수백 가지의 소음이 존재하는 가운데, 우리는 그중에서 중요하다고 여기는 것을 선택하여 주의를 기울인다. 침묵의 중요성을 알게 된다면 어떨까? 우리에게 삶의 침묵–소음간 균형을 조정할 권리, 아니 어쩌면 '책임'이 있다고 믿게 된다면 어떨까?[2]

학계에서는 호응을 얻겠지만 여타 환경에는 적절치 않은 내용을 담은 또 다른 기사를 소개한다.

인생의 여정에서 반추의 시간을 갖지 않고서는 참된 진전을 이룰 수 없다. 고독은 필수사항이다. 그것은 우리에게 스스로를 탐험하고 알아가는 시간과 기회를 제공한다.[3]

마치 "참된 진전"과 "스스로를 탐험하고 알아가"기가 의심의 여지없이 동일하다는 듯 등식화되어 있다. 하지만 나는 임상 및 여러 경험을 통해 이 둘이 동의어가 되는 빈도만큼 반의어이기도 하다는 점, 자아도취성의 내성적 태도는 오히려 (일반적인 의미에서의) 진전에 방해가 되기 일쑤라는 점을 확인했다.

또 하나의 기사는 "외로움 없이는 삶도 존재하지 않는다"[4]고 주장한다. 진정한 불행이라고는 피상적 수준으로도 경험해보지 못한 사람의 입에서나 나왔음직한 표현이다.

철학자 푸코와 위의 기사들은 침묵이 사라져버린 세태를 개탄한다. 하지만 우리는 우리에게 정말 필요한 것이 무엇인지 신중하게 생각해봐야 한다. 침묵은 죽음을 부를 수도 있다. 한국어 중에 "묵살"이라는 단어가 있다. 문자 그대로 해석하면 "침묵으로 죽인다."는 뜻이다. 아이러니하게도 2011년에 사망한 북한의 지도자 김정일은 2007년 남한에서 친미 성향의 후보가 대통령에 당선되자 바로 이 전략을 사용해 불쾌감을 표시했다. 여러 주에 걸쳐 북한 정권은 이 선거결과에 침묵으로 일관하며 외면했다.

소설가 옥타비오 파스Octavio Paz는 "인간은 자신이 혼자라는 사실을 아는 유일한 존재다."[5]라는 말을 남겼다. 이 짧은 문장은 두 가지 근원적인 오류를 범하고 있다. 인간은 혼자가 아니다. 최소한 건강하고 번성하는 최적의 상황에서는 혼자가 아니다. 또 하나, 그 어떤 동물이든 혼자라는 사실은 온몸으로 감지할 수 있으며 그것은 그의 감정, 행동, 면역기능을 포함한 각종 건강지수에 영향을 미친다. 그들도 우리처럼 무리를 이루며 살도록 만들어진 동물이기 때문이다(사실 영장류뿐만 아니라 다른 많은 동물들도 마찬가지다).

외로움에 대한 정신분석학적 관점 중 하나는 사람들은 혼자 지내는 시간을 더 많이 가져야 한다는 것으로, "우리는 이미 홀로인 상태에 너무 익숙하다."[6]라고 주장한다. 그러나 나는 오히려 우리가 그것을 충분히 알지 못한다고 생각한다.

이런 글을 쓴 사람들은 모두 고독과 침묵의 미덕을 상찬하는 하위 장르를 대변하는 셈이다. 그러나 내가 보기에 그들은 침묵이 야기하는 문제점을 충분히 이해하지 못한 듯하다. 실제 사례를 들어보자. 미국 중서부의 한 여자가 남편을 떠났다. 남겨진 남편은 고통을 이기지 못하고 가족과 친구들로부터 멀어져 심한 우울증에 빠졌다. 이혼의 여파는 점점 강해져서 그가 평생 가꿔온 유일한 삶의 현장이자 생계수단인 농장마저 잃을 판국이다. 침묵 속에서 생의 마지막 날들을 보내던 그는 자신의 농장에서 스스로 목숨을 끊었다.

위에 언급한 기사들 중 하나는 이런 충고를 건넨다. "고독과 침묵의 규율은 건강한 삶을 위해 반드시 필요한 구성요소다. 그것을 포용하는 법을 배워야 한다."[7] 누군가에게는 이것이 건전한 충고가 될 수도 있겠지만, 다른 많은 이들에게는 그렇지 않다.

농장에서 자살한 남자의 시체는 며칠 후에야 발견되었다. 이 끔찍한 사실은 조금 다른 맥락의 일화 한 가지를 연상시킨다. 스탈린 치하 소련의 굴락에 수감되었다 풀려난 사람들에 관한 책에는 이제 막 60대가 된 여죄수가 석방 후의 결혼생활에 대해 말하는 장면이 있다.[8] 동료들의 시체가 며칠이고 수거되지 않는 모습을 지켜봤던 그녀는 "결혼을 하면 최소한 내가 죽은 뒤 내 시체를 묻어줄 사람은 있겠지요."라고 말했다. 결혼에 대한 설득력 있는 선언은 못 되겠지만, 외면할 수 없는 지혜가 담긴 말이다. 죽음 후에도 지속되는 보살핌이란 삶을 지탱해주는 진정한 힘이 되기 때문이다.

　문득 떠오른 상념들을 마치 일반적인 진리나 심오한 성찰인양 오산한 철학자 푸코의 실수는 학계 일각에서는 흔한 것이다. 특히 일반 대중의 현실적인 삶에서 추출되지 않은 복잡하고 난해한 사상은 남성이 겪는 외로움의 고통을 해결하는 데 크게 도움을 주지 못한다. 게다가 잘못된 판단을 불러일으킬 수도 있다.

　고독의 필요성에 관한 정신분석학 논문 한 편을 예로 들자. "종의 영속화라는, 다윈 식의 전망은 제쳐두고…"라는 다소 비관적인 어조로 시작하는 구절이 있다. 어떤 방식이든 다윈의 사상을 폄하하며 시작하는 문장은 그리 계몽적이지 못하다는 사실을 나는 경험을 통해 알고 있다. 이 구절은 이렇게 이어진다. "죽음에의 본능은 외부 자극과의 끊임없는 교류를 고독을 통하여 상쇄하고자 하는 균형 욕구로 간주할 때 가장 정확히 이해된다."[9]

　반대 의견이 우후죽순처럼 쏟아져나오지만, 죽음에의 본능이란 애당초 없다. 설령 있다고 해도 그것과 사람들이 가끔씩 휴식해야 한다는 사실과 무슨 관계가 있단 말인가?

　이 책을 통해 제시하는 나의 접근법은 단순하고 현실적이다. 날마다 임상환경에서 접하는 환자들, 그리고 동료 임상의들을 통해 나는 내 접근법이 모든 사람의 기질에 맞지는 않는다는 사실을 목격했고 그 점을 이해한다. 하지만 "문화적 가치로서의 침묵"이나 "죽음에의 본능" 등 얼핏 세련되고 철학적인 듯한 목소리에 잘못 매몰될 경우, 그것은 기만이며 사회 전체가 불행해지는 결과로 이어진다.

## • 무엇이 되었든 얼굴을 마주하라

제7장에서 언급한 파머스 마켓 관련 기사의 필자는 "우리가 가족, 이웃과 함께 식사하는 횟수는 50년 전에 비해 크게 줄었다."[10]라고 덧붙였다. 이웃과 식사하기는 충분히 실천할 만한 소소한 해결책이다. 옛 이웃이 우리 가족을 저녁식사에 초대한 일이 있었다. 우리는 저녁식사를 함께 하는 동안 서로가 페이스북 계정을 갖고 있다는 사실을 알고 서로 "친구 맺기"를 하자고 약속했다. 다행히 누군가가 그 약속을 기억한 덕에 이제 우리는 모두 페이스북 친구다. 그들의 집과 우리 집은 약 9미터 떨어져 있었지만 그날 이후 나는 그들을 동네에서보다 페이스북 페이지에서 훨씬 더 자주 "보았다." 그들이 같은 동네의 다른 집으로 이사하면서 양쪽 집의 거리가 800미터쯤 멀어졌는데, 사소한 차이일 수도 있지만 이제 페이스북상에서만 그들을 본다. 사람들이 더 자주 함께 저녁을 먹고 길거리에서라도 담소를 나누기를 기대하는 것은 천진한 소망에 불과할까? 나는 최근에 발표된 한 기사에 공감한다.

긴 세월 동안 전해내려온 인간의 지혜에 따르면, 잘 산 인생이란 우리 주변 사람들과의 관계로 가늠할 수 있다고 한다. 이는 이상이 아닌 현실이다. 엘리트 집단 내에 대각성이 일어날 수 있다는 생각은 타당하다. 여기서 말하는 각성은 겉으로 드러나는 화려한 삶이 유쾌할 수 있지만, 그보다는 결이 있는 삶을 사는 것, 그리고 그러한 사람들과 더불어 사는 것이 궁극적으로 더 신나는 일임을 새롭게 깨닫는 데서 일어날 수 있다. 그러기 위해서는 미국이 떠안고 있는 과제를 직시해야만 한다. 지상에서 가장 다양한 사람들이 함께 살아가는 새로운 공생의 길을 찾아야 한다.[11]

내게는 일곱 명의 친구가 있다. 모두 내가 일하는 대학과 관련되어 있고 40~60대 남성들이며, 우리가 모일 때마다 (대략 일주일에 한 번씩) 맥주회사 주주들은 더 부자가 된다. 우리는 딱히 건강한 활동을 함께 하지는 않지만(여송연을 피우는 일도 있으므로), 구성원 모두의 아내가 예외 없이 우리 술자리 모임을 부추긴다는 사실은 시사하는 바가 많다. 아내들은 남편을 내보내고 혼자만의 자유로운 저녁 시간을 바라는 것일까? 그런 측면도 없지 않겠지만, 친구관계가 우리에게 미치는 긍정적인 영향이 두 눈에 확연히 보이기 때문일 것이다. 모임 후에 귀가하면, 기분이 좋아지는 것은 물론이고 혼자만의 세계에 파묻히는 시간이 줄어든다. 아내들은 우리가 술을 조금만 덜 마셨으면 한다. 하지만 그녀들은 우리가 정기적으로 소통하기를 바란다. 우리는 물론 그녀들 자신, 그리고 가족 전체에 좋은 영향을 미친다는 것을 알기 때문이다. 음주 자체가 달갑지는 않아도 그에 따른 긍정적인 효과를 생각하면 아내들에게도 그만한 가치가 있는 셈이다.

고등학교 시절 친구들도 마찬가지다. 우리는 매년 모이는데, 역시 대단히 건강한 활동을 하지는 않지만 아내들은 모두 이 모임에 대찬성이다. 열 명 안팎의 구성원 전부가 10년 이상의 기혼자다. 대략 50퍼센트에 달하는 우리 사회의 이혼율을 고려하면 퍽 놀라운 일이다.

이 두 모임은 이를테면 "전화위복"의 원리를 보여줄 뿐 아니라 남성들이 품기 쉬운 "내 아내는 절대 허락하지 않을 걸." 등의 으레 짐작과는 정반대다. 아내들은 허락할 뿐 아니라 오히려 독려하고 좋아한다. 남편의 마음 상태가 밝아지면 그 긍정적인 파급효과가 부부 관계는 물론 가족 전체에 미친다. 그것만으로 값어치는 충분하기 때문이다.

나는 이 둘 외에 축구 동료들과의 모임을 비롯해 다른 몇 개의 친목 모임에 더 참여하고 있다. 초등학교 3학년 시절 리틀리그 야구부에서 친구들이 저절로 만들어진다면, 40대 이상이 함께하는 축구모임에서도 그러지 말란 법은 없다. 가급적 매주 참석하다보면 일년 후에는 그들 중 몇 명과 친구가 될 것이다. 이를테면 동아리 가입이라 할 수 있는 이 전략은 매우 효과적이다. 무엇이 됐든 얼굴을 보이고 참석하면, 친구를 사귈 기반이 형성된다.

옛 친구들과의 재회도 강력한 효과를 발휘할 수 있다. 이 사실은 정신과 의사 래리 듀이Larry Dewey의 참전용사들에 관한 명저 《전쟁과 구원War and Redemption》에서 훌륭히 예증되고 있다. 그는 참전용사들의 재회에 관해 "과거에 일어난 사건들에 보다 새롭고도 건강한 의미를 부여하며, 평화로운 마음과 해방감을 준다."[12]라고 쓰고 있다. 한 참전용사는 옛 전우들과의 재회에 대해 이렇게 말했다. "함께한 사흘 동안 우리는 한 순간도 쉬지 않고 대화를 나눈 것 같아요. 우리 가슴에 남아 있던 응어리가 녹아 없어지는 느낌이었어요."[13] 저자는 재회의 효과를 이렇게 설명한다. "기억이 현재를 거쳐 오히려 제대로 이해된다. 전우애를 재확인한다. 슬픔을 표출하고 정리한다. 마음이 편안해진다."[14]

저자는 그룹 심리치료나(참전 경험으로 인해 고통받는 사람들에게 그룹 심리치료를 권장하기는 하지만), 고통스러운 경험을 끝없이 되뇌는 재회를 말하지 않는다. 그저 동료의식에 관해 이야기한다.

개인적인 경험에 따르면, 친구가 힘들어할 때 (가령 친구의 아내가 긴 투병 끝에 세상을 떠난 후 호숫가의 오두막에서 가진 주말 모임, 가정사에서 벗어나 머리를 식힐 필요가 있는 친구를 위해 몇몇 친구들이 기획한 풋볼경기 관전여행 등) 고통과 괴로움 속에서 함께 허우적거릴 필요는 없다. 이럴 경우 오히려 당사자를 불편하게 만들기 쉽다. 그저 함께 있어주면 된다. 대부분의 경우 굳이 말하지 않아도 동료애가 절로 솟아난다. 이를테면 "우리는 지금 이 경기장, 극장, 카지노에 함께 있고 앞으로도 함께 있을 것이다." 그러므로 "우리는 서로가 어려운 시기에 함께할 것이다."와 같은 마음 말이다.

## • 소소한 유대가 중대한 변화를 부른다

이러한 경험이 사람들의 삶에 진정한 변화를 가져오겠느냐고 의심할 수도 있다. 하지만 "보살핌의 편지" 연구를 통해 이 질문에 이미 긍정적인 답변이 주어졌다고 믿는다.[15] 이 획기적인 연구는 자살충동이나 자살행동, 또는 우울증 때문에 입원한 수천 명의 환자들을 대상으로 한다. 우선 퇴원한 지 한 달쯤 된 환자들에게 후속조치로 외래환자 치료를 받을 의향이 있는지 묻는다. 이 같은 후속조치는 양질의 정신건강 서비스에 절대적으로 필요하다는 것이 학계의 공통적 견해다. 정신과에 입원했다가 퇴원한 후의 일정 기간 동안에 오히려 자살 위험도가 높아진다는 사실이 입증되고 있기 때문이다. 하지만 많은 사람들은 지속적인 치료를 거부했다. 이처럼 지속적인 치료를 거부한 모든 환자들이 "보살핌의 편지" 연구 참가자로 결정되었다.

이들이 평균적으로 얼마나 높은 위험성을 지닌 환자들이었는지에 대해서는 재차 강조할 필요가 있다. 우선 최근 정신과에 입원했던 사람들이라는 점만으로도 위험도는 상당하다. 또한 지속적인 치료를 거부했다는 사실은 질병의 악화 여부를 평가하고 적절히 중재할 수 있는 사람과의 접촉마저 잃어버린다는 의미다. 이렇게 실험 참가자들은 곤란한 상황에 처해 있었다. 그렇다고 해서 집중적인 중재만이 효과를 발휘한다고 장담하기도 어렵다.

후속치료를 거절한 환자들은 무작위로 두 그룹으로 나뉘었다. 한 그룹에는 아무 조치도 취하지 않았다. 반면 다른 그룹에게는 약 5년 동안 몇 차례씩 "보살핌의 편지"를 우송했다. 서너 개의 문장으로 이루어진 이 짧은 편지에는 환자의 건강에 대한 관심 표명과 함께 환자가 마음만 먹으면 언제든지 후속치료를 재개한다는 안내가 담겨 있었다. 또한 입원 당시 치료를 담당했던 의료진이 친필로 서명하고 새로 편지를 보낼 때마다 문구에 작은 변화를 주는 등 개인적인 편지처럼 느껴지도록 여러 모로 신경을 썼다. 질문이나 의견을 전해온 환자들에게는 응답과 더불어 회신용 봉투도 동봉했다.

연구진은 이 같은 보살핌이 자살 위기에 대한 적극적인 해독제라고 믿었고 편지가 충분히 개별화되지 않으면 진정한 보살핌의 느낌을 전달하기 어렵다고 판단했다. 보살핌의 중대 변수는 "정서적 삶을 안정시켜줄 수 있는 뿌리"이다. 이 정의가 호혜성을 중시하고 있음에 주목하자.

보살핌은 중요하다. 소소한 관심만으로도 확연한 효과를 발휘할 수 있다. 편지를 받은 환자들의 퇴원 후 5년 이내 자살률은 편지를 받지 않은 환자들에 비해 낮은 것으로 집계됐다.[16]

이따금 제공되는 소소한 보살핌이라 할 짧은 편지보다 더 기계적인 메시지만으로도 긍정적인 결과를 얻을 수 있다. 오스트레일리아에서 실시된 한 실험은 "보살핌의 편지"를 작성할 때, 특별히 개별화를 위한 노력을 기울이지 않았고, 편지가 아닌 자동화된 엽서를 보냈다.[17] 수취인의 이름과 주소를 제외하면 엽서들은 모두 똑같은 내용이었고 환자들이 전해온 질문이나 의견에 대해 응답도 하지 않았다. 엽서에는 "선생님께서 건강하게 지내시기를 바라고, 필요하시다면 언제든지 도움을 드릴 준비가 되어 있음을 다시 한 번 알려드리고 싶습니다."와 같은 문구와 귀엽고 행복한 강아지의 모습이 찍혀 있었을 뿐이다.

엽서도 통했다. 엽서를 받은 환자들은 그렇지 않은 환자에 비해 자살행동을 덜 드러냈다(그들 중 몇몇은 엽서에 찍힌 행복한 강아지의 모습이 좋았다고 말하기도 했다). 보살핌에 대한 우리의 감수성은 마치 일촉즉발의 방아쇠처럼 민감해서 양에 상관없이 확연한 효과를 일으킨다.

보살핌의 편지와 엽서에 대한 이야기는 "소소한 사회적 관계가 정말로 큰 차이를 불러올 수 있는가?" 하는 질문에 대한 답변의 일환으로 시작되었다. 긍정적으로 고려하기 전에, 나는 이를 냉혹한 현실의 틀에서 검토해보려 한다. 여기서 제시하는 주장은 "사이좋게 지내면서 서로에게 조금 더 친절을 베풀면 지상에 천국이 찾아올 것이다."와 같은 폴리애나Pollyanna(20세기 초 발간된 연작동화의 고아 주인공 이름. —옮긴이) 식의 안이한 낙천주의가 결코 아니다.

나는 앞서 하루하루 미덕을 실천하고 습관화함으로써 꾸준히 배양하는 것을 사포와 나무에 비유한 바 있다. 사포질은 나무의 본질적 구조를 바꾸지는 못하지만 결정적인 변화를 일으킨다. 이 비유는 보살핌이 남성뿐만 아니라 모든 사람들의 사회적 고립에 미치는 영향에도 적용될 수 있다. 보살핌의 편지 같은 것들은 외로움이나 우울증에 대한 온전한 해결책은 아닐지 모른다. 하지만 외로움과 우울증의 날선 모서리를 다듬어 단기적으로는 삶을 좀더 견딜 만하게 해주는 한편, 장기적으로는 사회적 유대의 기회를 제공하여 상황을 개선시키도록 만드는 대안일 수 있다. "보살핌의 편지"를 연구한 결과는 약간의 관심과 돌봄이 자살충동에 시달리는 사람들을 죽음의 낭떠러지 앞에서 끌어내 보다 안전한 장소로 옮겨놓을 수 있음을 암시한다.

유대는 아무리 사소한 것일지라도 중대한 변화를 가져온다. 보살핌의 편지와 엽서 연구뿐만 아니라 해변 실험도 이 사실을 입증해준다. 연구진은 실험 공모자들이 해수욕객 옆에 비치타월을 깔고 누워 값비싼 기기를 통해 음악을 듣는 등 평범하게 행동하다가 주변 사람들에게 유쾌한 대화를 건네고 난 뒤 잠에 빠지는 경우와 주변 사람들을 일체 무시한 채 곧바로 잠에 빠지는 경우로 나누어 실험했다.

그리고 두 상황 모두 해당 공모자가 잠든 후 다른 공모자가 다가와 보란 듯이 값비싼 음악 기기를 훔치는 상황을 연출했다. 도난당하는 사람과 짧은(정말 아주 간단한 인사말 정도였다) 대화를 나누었던 사람들은 대부분 절도행위를 제지한 반면, 아무런 교류도 없었던 사람들은 절도행위를 못 본 척했다. 극히 짧은 순간의 유대가 커다란 차이를 불러온 것이다.

• 소셜미디어를 보조기구로 삼을 것

나는 여러 친교 모임의 일원일 뿐 아니라, 친족사회의 구성원이었지만 친구들에 비해 친척들과는 지속적으로 연락을 유지하고 살지 않았다. 그런데 페이스북이 친척들과의 교류에 큰 도움을 주었다. 페이스북은 사회적인 유대를 원활하게 해준다. 40대 이상을 포함한 수많은 사람들이 그 효용을 인정한다. 일년 반 전만 해도 나는 페이스북을 이용하지 않았고, 추후로도 그럴 일은 없으리라 여겼다. 하지만 오늘날의 나는 무려 550명의 페이스북 친구를 갖고 있으며 날마다 페이지를 확인한다. 그들 중 많은 수는 내가 페이스북에 초대한 고등학교 친구들이며, 나머지는 친척들이다.

페이스북은 마치 신문이 맞춤제작되어 배달되는 것과도 같다. 실시간으로 뜨는 친구나 친척들의 근황을 읽을 수도 그냥 건너뛸 수도 있으며, 신문처럼 지역의 회합이나 행사 안내가 제공되기도 한다. 나는 페이스북이 아니었다면 전혀 몰랐을 행사에 참석하여 즐거운 시간을 보내곤 한다. 앞서 언급했듯이 행복한 사람들이 불행한 사람들보다 더 많이 하는 활동 중 하나에는 신문 읽기도 포함되어 있는데, 페이스북도 추가될 법하다.

한편 페이스북을 비롯한 각종 소셜미디어 사이트들에는 조심해야할 함정이 있다. 타인과의 온라인상 교류는 실제 인간관계를 통한 유대를 보강하는 것이어야지, 그걸 대체해서는 안 된다는 사실이다. 정신과의사 엘리어스 아부조드Elias Aboujaoude는 《강박행위들Compulsive Acts》에서 이 문제의 극단적인 형태를 보여준다. 일종의 "제2의 삶" 사이트에 중독된 한 남자가 약혼녀와 함께 아부조드를 찾아와 치료를 요청했다. 사람들은 이 사이트에서 가상의 정체성과 가족 등을 창조한 뒤 그 인물이 되어 삶을 살아간다. 약혼녀는 그가 가상의 삶에 빠져 있다는 사실과 그로 인해 진짜 삶으로부터 유리되는 부작용 등을 우려했다. 특히 가상 애인과의 관계에 대해 걱정했는데 그것은 기우가 아니었다. 의사의 노력에도 불구하고 남자는 결국 치료받기를 중단한 뒤 실제 약혼녀와 파혼하고 가상 애인을 선택했다.

사람 간 교류의 필요성에 대해서는 교황도 동의할 것이다. 2010년 바티칸에서 열린 한 회합에서 교황 베네딕토 16세는 인터넷이 "교육의 위기상태"를 유발했으며 "외로움과 방향상실감"을 부채질할 수 있다고 경고했다. 교황은 그 이전부터 현실과 환상의 경계를 흐린다는 이유로 신기술에 대한 우려를 표시해온 바 있다.

가상 애인 때문에 실제 약혼녀를 잃어버린 남자의 사례에서 보듯 교황의 말이 헛된 노파심만은 아닐 것이다. 소셜미디어 기술이 폭발적인 발전을 이루었으나 속내를 털어놓을 대상이 없다는 사람들의 수가 20년 새에 세 배 가까이 늘어난 점은 소셜미디어가 외로움에 대한 온전한 해결책이 아님을 암시한다.

최첨단 로봇 발명자들도 수백만 년에 걸친 인류 진화의 결과를 바꾸지는 못할 것이다. 우리는 얼굴을 마주하거나 상대방의 눈 들여다보기와 같은 사회적인 행위와 관련해서 대단히 복잡하고 섬세한 회로를 내장하고 있다. 2세에서 5세 사이의 유아들이 상호응시에 흥미를 느낀다는 사실, 그리고 4개월 된 젖먹이의 두뇌가 정면에서의 시선과

결눈질에 다르게 반응한다는 사실이 과학적으로 밝혀졌다. 연구진은 "예외적으로 조기에 형성되는 상호응시에의 감수성은 이후 사회적 기술 개발의 중대한 바탕이 된다고 할 수 있다."[18]는 결론을 내렸다. 사회적 행위에 심오한 영향을 미치는 자폐증이나 정신분열증 등을 앓는 이들이 시선 교환이나 응시에 이상을 보이는 것은 우연이 아니다.

다른 사람의 얼굴에 떠오른 공포감을 인식하는 능력 또한 진화과정에서 획득한 것이다. 우리 뇌 안에는 상구superior colliculus가 있는데 원숭이가 뱀을 보거나 인간이 공포에 찬 얼굴을 보면 이 부분이 활성화된다. 다른 사람의 얼굴에서 공포를 탐지하는 능력은 의심의 여지없이 생존에 도움을 주었는데, 이 능력은 이른바 거울신경 또는 공감신경이라 불리는 신경세포에 의해 전달된다.[19] 이 신경세포에 문제가 발생하면, 자폐증의 결정적 시초가 된다.

다른 사람의 얼굴에서 공포를 읽어내는 데 그치지 않고 위험의 소재를 신속히 감지할 수 있는 능력도 중요하다. 인간과 기타 영장류는 이에 대단히 능하다. 우리에게는 다른 사람의 시선을 따라가게 해주는 자동시스템이 있다. 대화 중 상대방이 갑자기 우리로부터 시선을 거두고 다른 무언가를 바라볼 때, 그가 바라보는 것을 보지 않고 참아내기란 생각보다 훨씬 어렵다.

공포 탐지와 시선 따라가기 시스템은 생존 기능에 필수적인 다른 모든 것들과 마찬가지로 뒤엎기가 어렵다. 일례로, "안면인식장애" 질환을 앓는 환자들은 가족이나 친구처럼 잘 아는 사람까지 포함해 타인의 얼굴을 알아보지 못한다. 심지어 스스로의 얼굴을 알아보는 데 어려움을 겪기까지 한다. 이 질환을 앓는 신경학자 올리버 색스Oliver

Sacks는 카페 유리창 반대편의 남자가 왜 자신을 흉내내는지 의아해하다가 몇 초가 지나서야 그게 유리창에 비친 자신의 모습이었음을 깨달았다는 이야기를 들려주고 있다. 자신의 얼굴을 알아보는 것조차 애를 먹었던 것이다.[20] 얼굴을 알아보지 못한다면 표정에 깃든 감정을 파악하는 것도 어려움을 겪지 않을까 생각하기 쉽지만, 이 질환을 지닌 환자들의 다수가 타인의 시선을 따라가거나 얼굴에 나타난 감정은 정상적으로 읽는다. 혈액순환이나 호흡처럼, 시선을 따라가고 감정을 살피는 행위는 본능적인 것이다.

아무리 기술이 발달하더라도 로봇이 수백만 년의 진화과정을 통해 정련된 이 복잡한 회로를 따라잡기란 쉽지 않을 것이다. 그런데 좀더 작위적이면서도 구미가 당기는 대안이 있다. "Rentafriend"는 문자 그대로 친구를 빌려주는 사이트이다. 데이트 또는 섹스 사이트와 차별화하기 위해 노력하는 이 사이트의 창립자들은 임대 가능한 친구의 숫자가 전세계에 걸쳐 30만 명에 이른다고 말한다. 이와 비슷한 개념에 바탕을 둔 "Tele-talks"는 잘 훈련된 친절한 목소리의 직원이 정기적으로 전화를 걸어주는 서비스이다. 하루에 한 통씩 받으려면 연간 약 569달러가 소요된다. 해당 사이트의 배너에는 "당신은 혼자가 아닙니다. 더 이상 외로움은 없어요."라고 씌어 있다.

물론 이러한 서비스에 회의적이거나 경멸적인 반응을 보이는 심정은 충분히 이해하지만, 나는 쉽사리 일축하고 싶지 않다. 우리가 다른 사람과 감응하는 것은 서로를 응시하거나 얼굴 표정을 읽는 능력들처럼 뿌리가 깊다. 우리가 생존하기 위해 호흡하는 공기가 완벽하지는 않더라도 어느 정도 만족스러우면 되듯이 다른 사람들과 관계맺기도 어느 정도 만족스러우면 된다. "Rentafriend" 같은 서비스가 그 역할을 해줄지 누가 알겠는가.

### • 작은 것부터 실천하기

앞서 언급했듯 행동활성화 요법에 참여를 요청받는 환자들이 흔하게 나타내는 반응으로 "하지만 여기선 할 일이 하나도 없어요."가 있다. 이런 반응은 "친구에게 전화 걸기" 요법에 대해 "하지만 아는 사람이 아무도 없어요."라는 반응과 유사하다. 누가 됐든 전화를 걸 사람은 반드시 있고, 어디가 됐든 행동활성화 요법과 관련하여 할 일도 분명히 있다. 탤러해시 같은 작은 도시 안에서도 할 일은 수십 수백 가지이다. 따라서 우리 병원에서는 활동목록을 작성, 비치해둠으로써 이 "할 일 없음의 불안"에 맞서고 있다. 또한 "그렇다 해도 돈이 없으니 뭘 할 수가 있어야 말이죠."의 불안에 맞서기 위해 돈이 전혀 안 드는 활동 옆에는 별표를 쳐놓고 있다(절반 이상이 무료다). 한번 시도해보자. 가까운 대학 하나를 선택하여 그 학교의 행사가 총망라된 일정표를 하나 구한다. 행사가 전혀 없는 날을 찾기란 대단히 어렵고, 그중 대부분이 무료다. 대학뿐만이 아니다. 시와 각종 지역사회 단체, 종교 단체 등도 이런 일정표를 갖고 있다.

앞서 "보살핌의 편지"를 통해 생물권 안의 모든 미세한 상호작용이 중요하다는 걸 확인했듯이 소소한 사교 행위들도 그 자체로 중요하다. 어쩌면 바로 이 사교 행위들이 생물권과의 미세한 상호작용 자체라 할 수 있다. 과학적인 증거를 제시할 수는 없지만, 티끌 모아 태산이라는 표현이 있듯이 이 작은 행위들이 모여 기하급수적으로 불어난다는 것이 내 생각이다.

에스터 셰일러 부콜츠는 저서 《고독의 부름》에서 "감방에 난 창문을 통한 시선 교환 또는 교도관의 친절을 통해 감옥 안에서 형성되는 이상하고도 놀라운 관계들"[21]에 관해 언급하고 있다. 인간에게 친절한 보살핌은 하나의 불쏘시개에 비유될 수 있다. 불을 붙이는 데 많은 불씨가 필요하지 않은 것처럼 다른 사람을 기쁘게 하는 데 엄청난 보살핌이 필요하지 않다. 한 대중잡지에 게재된 "남성들의 새로운 규칙" 중에는 "남성이 냉담해야 하는 유일한 장소는 엘리베이터뿐이다."[22]라는 항목이 포함되어 있다. 냉담함을 남성적인 특성으로 오해하는 남성들이 많은데, 냉담함은 남성적인 게 아니라 불친절한 것이다.

### • "우리 다시 시작해요!"

냉담한 남성들은 좀처럼 사과하지 않는다. 많은 문화권에서 사과가 과소평가되고 있다(비교적 최신 치료법인 변증법적 행동 요법은 치료과정에 특히 사과에 대한 강조를 포함시키고 있는데, 대인관계에서 심각한 문제를 지닌 환자들에게 이 요법이 효과를 보인다는 사실은 우연이 아닐 것이다).

사과라는 행위를 자세히 살펴보자. 첫째, 사과는 역지사지의 태도를 취함으로써 시작된다. 자신의 행동이 미치는 영향을 피해자의 관점에서 이해하지 않고서는 제대로 된 사과를 할 수가 없다. 둘째, 사과는 좋은 관계의 유지가 무엇보다 중요하다는 것, 때문에 사과로 인한 불편함이나 어색함을 감수할 가치가 있다는 메시지를 암묵적으로 전달한다. 자존심이나 분노는 잠시 제쳐두어야 한다는 의미다. 셋째, 사과는 신뢰를 암시한다. "나는 통상 올바른 일을 하리라 예측되는 사람인데 만일 그러지 못했을 경우에는 잘못을 시인하고 시정한다. 그러므로 당신이 믿어도 좋은 사람이다."라는 신호인 셈이다. 넷째, 사과는 결점을 포용하면서도 사회적 "규칙"을 지키는 안정적 인간관계를 암시한다.

손바닥도 마주쳐야 소리가 난다는 말처럼 사과도 제대로 이루어지려면 쌍방의 협조가 필수적이다. 사과를 했음에도 상대방이 받아들이지 않으면 위에 열거한 효과들은 생기지 않는다. 최근 플로리다 주립대학교 풋볼경기장에서 있었던 일화를 소개한다. 나는 친구들과 함께 우리가 주로 앉는 자리로 다가가다가 어떤 사람이 그 자리에 앉아 있는 것을 보았다(50세쯤 된 약간은 냉담한 성격의 남자였다). 나는 예의 바르지만 단호한 태도로 그곳이 우리 자리임을 밝혔다. 그는 모욕을 당했다는듯이 아주 무례하게 반응했다. 나는 아랑곳하지 않고 표를 확인해보자고 제안했다. 그 결과 내가 틀렸다는 사실을 알았다. 우리 자리는 바로 그 옆이었다. 나는 사과했지만 그는 여전히 화를 내고 있었다. 우리가 자리를 잡고 앉기 시작한 순간, 나와 내 친구들의 마음속에서 질문이 하나 떠올랐다. 누가 이 까칠한 남자 옆에 앉을 것인가? 나는 서둘러 그 자리에 앉았다. 정말 내키지 않았지만 친구들을 앉히기는 더욱 싫었고, 또 내가 그 사건의 발단이었기 때문이었다. 경기장 좌석은 하나씩 따로 떨어진 게 아니라 길게 연결된 벤치식 관람석이었다. 그 탓에 그와 나는 붐비는 경기장에서 허벅지를 맞대고 함께 앉아야 했다.

나는 정중한 사과를 건넸지만 그 사과는 받아들여지지 않았다. 따라서 위에 제시된 효과들은 전혀 일어나지 않았다. 나는 어쩔 수 없겠거니 체념하고 이 사건을 잊은 채 경기에 몰입하려고 노력했다. 하지만 그 남자가 바로 옆에 있으니 쉽지 않았다. 그렇게 불편하게 몇 분이 지난 후, 그가 내 쪽으로 몸을 돌려 손을 내밀며 "출발이 좋지 않았네요. 미안합니다."라고 말했다. 나는 "저도요. 처음부터 제 실수였어요."라고 답했다. 그와 동시에 사과의 효과가 나타나기 시작했다. 이해와 신뢰, 동지애 같은 것들 말이다.

코미디언 짐 벨루시Jim Belushi는 2006년 《진짜 남자는 사과하지 않는다Real Men Don't Apologize》라는 책을 펴냈다. 실제로 남성이 여성보다 사과를 덜 한다는 연구가 존재한다. 하지만 벨루시의 메시지와는 반대로 남성들이 사과하지 않을 경우, 결국 스스로에게 해가 된다.

토머스 P.M. 바넷Thomas P.M. Barnett은 《펜타곤의 새 지도The Pentagon's New Map》에서 "단절의 제거"야말로 "우리 시대의 가장 중요한 보안"이라고 주장한다. 또한 "세계화를 통해 상호연결성을 확장시킴으로써 지구촌의 평화와 번영을 증진한다."고 말한다.

나는 "지구촌"이라는 거창한 말 대신 외로운 남성을 대입하고 싶다. "침묵의 가치"나 "죽음에의 본능" 따위에 매몰되지 않고, 이 장에서 제시한 매우 쉽고 단순한 방법들을 지금 당장이라도 책을 덮고 실행해보자. 우리 모두를 위해 적어도 한번쯤은 시도해볼 만한 가치가 있는 해결책들이니까.

4부

# 아직 씌어지지 않은 남성의 미래

9장

# 사람들이 없다면
# 우린 아무것도 아니다

    이 책은 외로운 남성에 대한 우화다. 하지만 추상적 관념 또한 진실일 수 있다. $e=mc^2$과 같은 추상적 관념은 진실을 가장 순수한 형태로 증류시켜 보여주기도 한다.

    여기서 묘사한 외로운 남성은 아인슈타인의 등식만큼은 아닐지라도 순수한 진실이다. 나는 한 개인으로서의 남성보다는 여성들과 비교된 남성들, 그중에서도 남성을 특징짓는 일련의 경향들을 기술했다. 이 경향들은 심리학적 연구, 금융 분석가와 미국 중서부 농부들의 삶과 죽음, 수세기에 걸친 수많은 이들의 저술, 그리고 개즈던 기의 방울뱀 같은 미국적 도상들의 상징과 이미지를 통해 뒷받침되고 있다.

    나의 주장이 다수 사람들을 성별로 묶어 싸잡아 전형화하며, 그런 의미에서 성차별적이라는 비판이 나올 수 있다. 물론 그 다수의 사람들이란 남성을 가리킨다. 하지만 두 가지 이유에서 성차별적이지 않다. 첫째, 이 책이 제시하는 광범위한 전형의 성질을 고려할 때 남성의 미덕을 칭송한다기보다는 오히려 그들의 결함과 약점을 명료하게 제시하기 때문이다. 그렇다고 남성들을 멸시하는 것은 더더욱 아니다. 다만 그들을 제대로 이해하고 돕고자 할 따름이다. 둘째, 이 책에서 다루는 남성 외로움의 과정과 사안, 그리고 결과들은 보편적인 것이다. 책이 잘 보여주듯 남성에게 더 흔하게 나타나지만 남성들만의 고유한 문제들은 아니다. 따라서 누구나 외로운 성의 곤경을 경험하고 그로부터 배운다고 할 수 있다.

이 책은 성별에 초점을 맞추었으나 성별과 인종의 교차점을 아우르고 있기도 하다. 이 책의 시금석이 된 것은 바로 남성의 자살률이 여성에 비해 월등히 높다는 사실이었다. 이러한 수치는 지금껏 제대로 조명되지 않은 그 무엇을 암시한다는 인식에서 출발했다. 그 무엇이란 평생에 걸쳐 점점 악화되는 남성의 외로움을 뜻한다. 남성의 외로움은 정서적 감지기와 사회적 감지기의 부조화, 응석받이 되기, "나를 건드리지 마"식의 태도, 돈과 지위에 대한 과도한 집착, 정상에서의 외로움 등을 비롯한 현상들에 의해 촉발된다. 그리고 그 결과는 건강 악화부터 나스카에 대한 관심에 이르기까지 다양하다.

외로움은 인종에 따라 편차를 드러내기도 한다. 코미디언 루이 C.K.(백인이다)는 친구이자 동료 코미디언인 크리스 록Chris Rock(흑인이다)과 정기적으로 전화 통화를 하는데, 록이 "오늘은 백인인 게 어땠어? 여전히 좋아?" 하면 C.K.는 "크리스, 얼마나 좋은지 말로 다 못해. 거리를 걸어가다 마주치는 경찰관들이 내게 얼마나 친절하게 구는데."[1]라고 대꾸한다. 이는 백인 남성들이야말로 제2장에서 자세히 다룬 현상인 "응석받이" 궤도에 빠져들 확률이 높음을 보여주는 수많은 일화 중 하나에 불과하다. 뿐만 아니라 이 책에서 묘사한 다른 과정들 또한 여성보다는 남성에게, 다른 인종보다는 백인 남성들에게 더욱 잘 부합한다.

성별과 인종 외에 이 책에 기술한 경향과 과정들에 영향을 미칠 수 있는 다른 인구통계학적 요인들이 있다. 이 맥락에서 출생 순서를 고려해보자. 프랭크 설로웨이Frank Sulloway는 저서 《반항아로 태어나다Born to Rebel》에서 장남들이 특히 "표현력"보다는 "목적 지향적인 성향"이 높다는 주장을 펴고 있다. 목적 지향적인 성향은 2장 "철이 덜 든 응석받이"에서 설명했듯 단호함, 자신감, 경쟁심, 공격성 등을 포함하며 반대로 표현력은 애정, 협동, 유연성 등을 포함한다. 결론은 외로운 성이 존재한다는 것, 그중에서도 장남들이야말로 가장 외로울 가능성이 높다는 것이다.

강조해야 할 것이 있다. 여기서 사용한 추론법은 개론적일 뿐 단언적인 것이 아니라는 점이다. 다시 말해서 이 책에서 기술한 현상들이 여성보다는 남성에, 다른 인종 남성보다는 백인 남성에, 차남 이하보다는 장남들에 더 흔히 발생할 가능성이 높다는 기록이 존재한다는 뜻이다. 한편 이 주장의 과정들이 정도의 차이는 있겠지만, 다른 집단에도 적용가능하다는 사실을 반증한다.

일례로 이 책에는 아내에게 몹시 의존했으며 도움이 필요했지만 병원 치료를 거부하다가 자살한 남자 이야기가 소개된다. 그는 다른 사람들을 의심했고 자살하기 직전 몇 해 동안 사회적으로 고립되어 지내다가 자살로 생을 마쳤다. 이 외로운 남성은 남미계 남성이었다.

나는 현재 심각한 정신질환을 앓던 남자가 (다른 이유도 있겠지만 부분적으로는) 그 병을 전혀 치료받지 않은 탓에 아내와 별거에 들어간 사안의 법정감정인 역할을 맡고 있다. 이 남자는 지난 8년간 가족과 전혀 교류가 없던 상태에서 스스로 목숨을 끊었다. 많은 자살사건이 그러하듯 그의 죽음과 관련해서도 소송이 제기됐다. 이 외로운 남성은 흑인이었다.

나는 이 책에서 또 하나의 외로운 남성, 즉 자살로 삶을 마감한 내 아버지에 관해 언급했다. 아버지의 경우 위에 언급한 대부분의 변수들과 맞아떨어지지만 한 가지 예외는 그가 장남이 아니라 네 형제 중 막내였다는 사실이다.

한편 젊은 독신녀들의 소득이 증가세에 있다는 다음과 같은 기사가 최근 발표되었다.

이런 추세는 국내 최대 도시들에서 몇 년 전부터 시작된 이래 중소 도시들은 물론이고 산업 전반으로 번졌다. (…) 특히 애틀랜타 주에서는 아이가 없는 젊은 독신녀들이 남성 소득의 121퍼센트에 달하는 소득을 올려 전국에서 가장 큰 격차를 보이고 있다.[2]

희비가 교차하는 뉴스라 할 수 있다. 소득격차 감소는 희망적인 일이지만 남성의 소득이 여전히 높다는 현실을 생각하면 갈 길은 아직 멀다. 외로움의 성차는 분명히 존재하며 현재 남성이 외로움을 더 겪는 것 또한 사실이다.

바로 여기에 이 책의 놀라운 역설이 존재한다. 남성들은 지위, 돈, 우대 등과 같은 근사한 것들을 많이 누리지만 자살과 외로움 등 비참한 것들에 더 많이 시달리기도 한다. 어쩌면 여성들이 수입과 그에 따르는 지위 등에 더 집착함으로써 남성들이 느끼는 외로움을 "따라잡게" 될지도 모른다. 모쪼록 이 책을 통해 내가 확실하게 전달됐기를 바라는 것은, 여성들이 남성들을 "따라잡음"으로써가 아니라 남성들이 여성 수준으로 "내려옴"으로써 이 성차가 해소되어야 한다는 사실이다. 내려오는 것이야말로 승리다. 바로 그것이 우리의 목숨까지 지켜줄 수 있다.

영국 록밴드 클래쉬Clash 리더였던 조 스트러머Joe Strummer의 삶을 그린 다큐멘터리 영화 〈미래는 씌어지지 않았다The Future is Unwritten〉의 마지막 장면에서 스트러머는 "사람들이 없다면 우리는 아무것도 아니죠."라고, 차분하면서도 진심 어린 말을 남긴다. 이 말 속에 내포된 날카로운 진실을 이 책에서 구체적으로 보여주고 싶었다. 나아가 이 말이 남성들에게 어떻게 적용되고 어떤 결과를 가져오는지 그들이 이해할 수 있기를, 우리의 미래는 아직 완전히 씌어진 게 아니라는 사실을 남성들에게 알려주고 싶은 간절한 마음으로 이 책을 써내려갔다.

우리의 미래는 우리가 아내, 아이들, 가족, 친구들과 날마다 만들어가는 관계의 씨줄과 날줄에 올올이 새겨지면서 완성된다.

"사람들이 없다면 우리는 아무것도 아니다."

| 주석 |

### 1장. 홀로 선 남자

1. Kirp, 2000, p. 32.
2. Kirp, 2000, p. 32-33.
3. Kirp, 2000, p. 25.
4. Dodson, 2007.
5. Kawachi, 1996.
6. Xu et al., 2010.
7. "Mars vs. Venus: The gender gap in health." *Harvard Men's Health Watch*, 2010, p. 1-5.
8. Wrangham, 2009, p. 135.
9. Eberstadt, 2009.
10. Judt, 2005, p. 331.
11. King, 2008.
12. Phillips et al., 2010, p. 125.
13. Ojeda & Bergstresser, 2008.
14. Author's personal papers.
15. Burroughs, 2003, p. 91.
16. Kershaw, 1997.
17. Joiner & Rudd, 1996; Joiner, 1997; Joiner et al., 1999, 2002.
18. Cohen & Wills, 1985.
19. Shneidman, 1996, p. 14-15.
20. Maris, Berman, Silverman, & Bongar, 2000, p. 266.

21. Joiner, 2009.
22. Nesse, 1991.
23. 예를 들어, Baumeister et al., 2002.
24. James, 1890, p. 293.
25. Peplau & Perlman, 1982.
26. Hawkley, Thisted, Masi, & Cacioppo, 2010; House et al., 1988.
27. Collins et al., 1993.
28. Hawkley, Preacher, & Cacioppo, 2010.
29. Joiner, 1997.
30. Kiecolt-Glaser et al., 1984, 1987.
31. Berkman & Syme, 1979.
32. Bucley, 2010.
33. BBC News, 2009.
34. Holt-Lunstad et al., 2010.
35. Epel et al., 2004.
36. Sapolsky, 2004, p. 17324.
37. Kimura et al., 2008.
38. KSDK.com, 2010.
39. American College Health Association, 2010.

### 2장. 철이 덜 든 응석받이

1. Keijsers et al., 2010.
2. Bornstein et al., 2008.
3. DeLoache et al., 2007, p. 1579.
4. Baumeister, 2010, p. 82.
5. Baumeister, 2010, p. 82.
6. Bedi, 2010.
7. 참고 Lloyd, 1995.
8. Mill, 2001, p. 73.

9. *All Things Considered*, 2010.
10. Wrangham, 2010, p. 107.
11. Brody, 2010.
12. Baumeister, 2010.
13. Foster et al., 2003.
14. Taylor & Armor, 1996.
15. Viding, 2009.
16. Louis C. K., 2010.
17. Mencken, 1919, p. 141.
18. Seery et al., 2010.
19. Tennis, 2007.
20. Dalrymple, 2010, p. 37-38.
21. Judt, 2005, p. 83.
22. Baumeister et al., 2003.
23. Dalrymple, 2009, p. 313.
24. Buchholz, 1997, p. 197.
25. Akst, 2010, p. 25.

## 3장. 나를 건드리지 마

1. King, 1991, p. 630.
2. Chabon, 2009, p. 129.
3. Freud, 1917/1951, p. 247.
4. Cauchon, 2009.
5. Goethe, 1906, p. 64.
6. Indiviglio, 2010.
7. McPherson, Smith-Lovin, & Brashears, 2006.
8. Buchholz, 1997, p. 197.
9. Henrich et al., 2010, p. 79.
10. Vincent, 2006, p. 159.

11. Spencer, 2008.
12. Baumeister, 2010.

### 4장. 돈과 지위라는 명함

1. 두 연구는 다음에 설명돼 있다. Baumeister, 2010, p. 65.
2. Baumeister, 2010, p. 66.
3. 예를 들어, Burroughs & Rindfleisch, 2002; Kasser, 2002; Kasser & Ryan, 1993.
4. *Esquire*, 2010.
5. Kasser & Ryan, 1993.
6. Sullivan, 1953, p. 32.
7. Chabon, 2009, p. 138-139.
8. Akst, 2010, p. 25-26.
9. Greene, 2007, p. 235.
10. Greene, 2007, p. 235.
11. Greene, 2007, p. 236.
12. Beauvoir, 1949/2009, p. 283.
13. Baumeister, 2010, p. 101.
14. Zhou, Vohs, & Baumeister, 2009.
15. E!, 2009.

### 5장. 정상에 서서 외로워하다

1. Riesman, 1961, p. 151.
2. Ehrenreich, 2009, p. 189.
3. Osnos, 2010.
4. Tocqueville, 1840, p. 104.
5. Murray, 2009.
6. Jones, 2005.
7. DeWall et al., 2011, p. 61.

8. Danforth, 2010.
9. Maccoby, 1976, p. 100.
10. Maccoby, 1976, p. 110.
11. Lasch, 1979, p. 66.
12. Vincent, 2006, p. 256.
13. Fredrickson, 1998.
14. Fredrickson & joiner, 2002.
15. Burns et al., 2008.

**6장. 골프와 불륜에 빠진 남자**

1. 참고 Cacioppo & Patrick, 2009.
2. Wilson, 1999, p. 6.
3. Wallace, 1997, p. 23.
4. Vitello, 2008.
5. March 13, 2007.
6. Milgram & Sabini, 1978.
7. Van Vugt et al., 2007.
8. *Morning Edition*, 2010.
9. Robinson & Martin, 2008.
10. Rabin, 2008.
11. *Esquire*, 2010.
12. Lombardi, 2008.

**7장. 지금, 여기서 할 수 있는 일**

1. Faulkner, 1957.
2. Faulkner, 1950.
3. Jaffe, 2010.
4. Weinberg & Hajcak, 2010.
5. Ehrenreich, 2009, p. 104.

6. Kellert & Wilson, 1993, p. 31.
7. Roach, 2010, p. 57.
8. Roach, 2010, p. 57.
9. Wilson, 2010, p. 95.
10. Lyubomirsky, 2008.
11. Beck, 2010.
12. Vincent, 2008, p. 292.
13. Curry, 2008.
14. Parker-Pope, 2009.
15. Conti et al., 2009.
16. De Botton, 2010, p. 7-9. Gravlax is a dish of raw, cured fish.
17. Marshall, 1976, p. 294.
18. Wrangham, 2009, p. 184.
19. Wrangham, 2009, p. 135.
20. Glenberg & Kaschak, 2002, p. 558.
21. Crain, 2008.
22. Boswell, 1791/2008, p. 742,
23. Dobson et al., 2008.
24. Louis C. K., 2010.
25. Cohen, 2010, p. 41.
26. Cohen, 2010, p. 74.
27. Dalrymple, 2009, p. 307.
28. Gamaldo et al., 2010.
29. Gamaldo et al., 2010, p. 853.
30. Cukrowicz et al., 2006.
31. Troxel, 2010, p. 580.
32. Buchhloz, 1997.
33. Wrangham, 2009, p. 30.
34. Zoroya, 2009.

35. Judt, 2010, p. 21.
36. Burton, 1621/2010, p. 20.
37. Reported in 2008 in the *Journal of Consulting & Clinical Psychology*.
38. American Psychiatric Association's 현재 진행되고 있는 《정신질환 진단 및 통계 편람》 작업과 관련하여 애도를 병리화한다는 비판이 들끓은 바 있다. 애도는 자연스러운 본성이며 정신질환으로 간주되어서는 안 된다는 것이었다. 편집진도 같은 생각이며 일반적인 애도 과정을 정신질환으로 분류할 의도는 전혀 없었을 것이다. 다만 이 주장은 내가 경험한 몇몇의 환자들—몇 번의 자살 시도를 불러올 만큼 깊은 우울감을 지닌—의 경우에 빗대어보면 옳은 판단이라고 생각한다.
40. Wilson, 2010, p. 91.
41. McKibben, 2008, November, p. 45-46.

**8장. 건강한 인생을 회복하는 현실적인 방안들**

1. Foucault, 1990, 0. 206.
2. Simmonds, 2010.
3. Dern, 2010, November 6.
4. Harounian, 2010.
5. Paz, 1961/1985, p. 195.
6. Buchholz, 1997, p. 278.
7. Dern, 2010.
8. Cohen, 2010, p. 73.
9. Buchholz, 1999, p. 121.
10. McKibben, 2008.
11. Murray, 2009.
12. Dewey, 2004, p. 141.
13. Dewey, 2004, p. 142.
14. Dewey, 2004, p. 145.
15. Motto & Bostrom, 2001, p. 831.

16. Fleischmann et al., 2008.
17. Robinson et al., 2009.
18. Farroni et al., 2002.
19. Isbell, 2010.
20. *Fresh Air*, 2010, October 26.
21. Buchholz, 1997, p. 272.
22. *Esquire*, 2010.

**9장. 사람들이 없다면 우린 아무것도 아니다**
1. *Fresh Air*, 2010, July 7.
2. Dougherty, 2010.

| 참고문헌 |

Aboujaoude, E. (2008). *Compulsive Acts*. Berkeley, CA: University of California Press.

Asarnow, J. A., & Carlson, G. (1988). 사춘기 이전 아동 정신과 입원환자들의 자살 시도. *Suicide & Life-Threatening Behavior*, 18, 129-136.

Barnett, T.P.M. (2004). *The Pentagon's New Map*. New York: Berkley.

Baumeister, R. (2010). *Is There Anything Good About Men?* Oxford: Oxford University Press.

Baumeister, R., Campbell, J., Krueger, J., & Vohs, K. (2003). 높은 자존감이 더 나은 성과, 대인관계에 있어서의 성공, 행복 또는 건강한 생활방식의 원인인가? *Psychological Science in the Public Interest*, 4, 1-44.

Baumeister, R., Twenge, J., & Nuss, C. (2002). 사회적 배척이 인지 과정에 미치는 영향; 홀로 사는 미래를 예측하는 지적 사고를 감소시킨다. *Journal of Personality and Social Psychology*, 83, 817-827.

Baumeister, R. (2000). 성적 유연성에 있어서의 성차: 사회적으로 유연하고 반응성 높은 여성 성욕. *Psychological Bulletin*, 126, 347-374.

Berkman, L., & Syme, S. (1979). 사회적 네트워크, 숙주 저항, 사망률: 알라메다 카운티 주민을 대상으로 한 9년간의 추적 연구. *American Journal of Epidemiology*, 109, 186-204.

Borys, S., & Perlman, D. (1985). 외로움에 있어서의 성차. *Personality & Social Psychology Bulletin*, 11, 63-74.

Bornstein, M., Putnick, D., Heslington, M., Gini, M., Suwalsky, J., Venuti, P., de Falco, S., Giusti, Z., & Zingman de Galperín, C. (2008). 생태학적

관점에서 본 어머니와 자녀의 정서적 포용성. *Developmental Psychology*, 44, 666-680.

Boswell, J. (1791/2008). *The Life of Samuel Johnson*. New York: Penguin.

Buchholz, E. (1997). *The Call of Solitude*. New York: Simon & Schuster.

Burns, A., Brown, J., Sachs-Ericsson, Plant, E., Curtis, T., Fredrickson, B., & Joiner, T. (2008). 긍정적 감정과 어려움 대처의 상향 나선: 신경화학 기질의 복제, 확장, 그리고 초기 탐색. *Personality & Individual Differences*, 44, 360-370.

Burrough, B. (1998). *Dragonfly*. New York: Harper Collins.

Burroughs, A. (2003). *Dry*. New York: St. Martin's.

Burroughs, J., & Rindfleisch, A. (2002). 자본주의와 행복: 상충하는 가치관. *Journal of Consumer Research*, 29, 348-370

Cacciopo, J., & Patrick, W. (2008). *Loneliness*. New York: Norton.

Cleckely, H. (1941). *The Mask of Sanity*. St. Louis, MO: Mosby Co.

Cohen, S. (2010). *The Victims Return*. Exeter, NH: Publishing Works.

Chabon, M. (2009). *Manhood for Amateurs*. New York: Harper.

Cohen, S., & Wills, T. A. (1985). 스트레스, 사회적 지원, 그리고 완충에 대한 가설. *Psychological Bulletin*, 98, 310-357.

Collins, N. L., Dunkel-Schetter, C., Lobel, M., & Scrimshaw, S. C. M. (1993). 임신 중의 사회적 지원: 출산 결과와 산후 우울증 사이의 사회심리학적 상관관계. *Journal of Personality & Social Psychology*, 65, 1243-1258.

Dalrymple, T. (2009). *Second Opinion*. London: Monday Books.

Dalrymple, T. (2010). *The New Vichy Syndrome*. New York: Encounter Books.

DeLoache, J., Simcock, G., & Macari, S. (2007). 비행기, 기차, 자동차, 그리고 다구茶具: 아주 어린 아이들의 지대한 관심사. *Developmental Psychology*, 43, 1579-1586.

Dervic, K., et al. (2004). 종교활동과 자살 시도. *American Journal of Psychiatry*, 161, 2303-2308.

Dewey, L. (2004). *War and Redemption*. Burlington, VT: Ashgate.

Dobson, K., Hollon, S., Dimidjian, S., Schmaling, K., Kohlenberg, R., Gallop, R., Rizvi, S., Gollan, J., Dunner, D., & Jacobson, N. S. (2008). 우울증 재발 예방과 관련된 행동활성화, 인지 용법, 항우울제 투약의 무작위 실험. *Journal of Consulting and Clinical Psychology*, 76, 468-477

Ehrenreich, B. (2009). *Bright-Sided*. New York: Metropolitan Books.

Epel, E., Blackburn, E., Lin, J., Dhabhar, F., Adler, N., Morrow, J., & Cawthon, R. (2004). 삶의 스트레스에 대한 반응으로서의 말단소립의 가속화한 단축 현상. *Proceedings of the National Academy of Sciences*, 101, 17312-17315.

Exley, F. (1968/1988). *A Fan's Notes*. New York: Vintage.

Ephron, N. (2010). *I Remember Nothing*. New York: Knopf.

Fredrickson, B. (1998). 긍정적 감정은 어떻게 좋은가? *Review of General Psychology*, 2, 300-319.

Fredrickson, B. & Joiner, T. (2002). 긍정적 감정은 정서적 행복을 향한 상향 나선을 촉발한다. *Psychological Science*, 13, 172-175.

Gilbert, D. (2006). *Stumbling on Happiness*. New York: Knopf.

Goodwin, J. S., Hunt, W. C., Key, C. R., & Samet, J. M. (1987). 혼인 여부가 암 환자들의 진행 단계, 치료, 생존에 미치는 영향. *Journal of the American Medical Association*, 258, 3125-3130.

Greene, B. (2006). *And You Know You Should Be Glad*. New York: William Morrow.

Hall, E. (1966). *The Hidden Dimension*. Garden City, NY: Anchor Books.

Hawkley L., Preacher K., & Cacioppo J. (2010) 외로움은 낮 동안의 기능을 감퇴시키지만 수면 시간을 단축시키지는 않는다. *Health Psychology*, 29, 124-129.

Hawkley L., Thisted R., Masi, C., & Cacioppo J. (2010). 외로움은 혈압 상승을 불러온다: 중년 및 노년 성인들을 대상으로 한 5년간의 교차지연 분석. *Psychology & Aging*, 25, 132-141.

Holt-Lunstad, J., Smith, T., & Layton, J. (2010). 사회적 관계와 사망 위험: 메타분석적 검토. *PLoS-Medicine*, 7, e1000316. doi:10.1371/journal. pmed.1000316.

House, J., Landis, K., & Umberton, D. (1988). 사회적 관계와 건강. *Science*, 241, 540-545.

Isbell, L. (2010). *The Fruit, the Tree, and the Serpent*. Cambridge, MA: Harvard University Press.

James, W. (1890/1950). *The Principles of Psychology*. Mineola, NY: Dover.

Joiner, T. (2005). *Why People Die By Suicide*. Cambridge, MA: Harvard University Press.

Joiner, T. (2010). *Myths About Suicide*. Cambridge, MA: Harvard University Press.

Joiner, T. (1995). 부정적 피드백을 구하고 얻는 대가: 우울증 취약성 이론으로서의 자기확증 이론. *Journal of Abnormal Psychology*, 104, 364-372.

Joiner, Jr., T. E., & Rudd, M. D. (1996). 절망, 외로움, 자살 상상 사이의 상관관계 풀기. *Suicide & Life-Threatening Behavior*, 26, 19-26.

Joiner, T. (1997). 상호교류에 있어서의 수줍음과 낮은 사회적 지원, 그리고 중재자로서의 외로움. *Journal of Abnormal Psychology*, 106, 386-394.

Joiner, T., Katz, J., & Lew, A. (1997). 청소년 정신과 입원환자들의 자기확증과 우울증. *Journal of Abnormal Psychology*, 106, 608-618.

Joiner, T. (1999). 자기확증과 신경성 식욕항진: 신경성 식욕항진을 앓는 여성들은 자신의 불만과 증상을 영속화하는 역할을 맡고 있는가? *International Journal of Eating Disorders*, 26, 145-151.

Joiner, T. (2009). *Reanalysis of existing loneliness data*. Unpublished manuscript.

Joiner, T., Catanzaro, S., Rudd, D., & Rajab, H. (1999). 외로움의 위계적, 사선적, 이차원적 구조. *Journal of Social & Clinical Psychology*, 18, 47-75.

Joiner, T., Lewinsohn, P.M., & Seeley, J. (2002). 외로움의 핵심: 사춘기 청소년의 우울장애에 있어 고통스러운 단절보다는 유쾌한 활동 참여의 결핍이 사회적 감퇴, 우울증 발병, 그리고 회복을 예고한다. *Journal of Personality Assessment*, 79, 482-501.

Judt, T. (2010). *The Memory Chalet*. New York: Penguin.

Judt, T. (2005). *Postwar*. New York: Penguin.

Kasser, T. (2002). *The High Price of Materialism*. Cambridge, MA: MIT Press.

Kasser, T., & Ryan, R. (1993). 아메리칸 드림의 어두운 이면: 삶의 중심적 동경으로서 추구되는 재정적 성공의 상관관계. *Journal of Personality and Social Psychology*, 65, 410-422.

Keel, P., Gravener, J., Joiner, T., & Haedt, A. (2010). 신경성 식욕항진 및 그와 관련된 기타 섭식장애에 관한 20년간의 추적 연구. *International Journal of Eating Disorders*, 43, 492-497.

Keijsers, L., Branje, S., Frijns, T., Finkenauer, C., & Meeus, W. (2010). 사춘기 청소년들이 부모에게 비밀을 유지하는 데 존재하는 성차. *Developmental Psychology*, 46, 293-298.

Kershaw, A. (1997). *Jack London: A Life*. New York: St. Martin's.

Kiecolt-Glaser, J. K., Fisher, L. D., Ogrocki, P., Stout, J. C., Speicher, C. E., & Glaser, R. (1987). 혼인관계의 질, 혼인관계의 붕괴, 그리고 면역기능. *Psychosomatic Medicine*, 49, 13-34.

Kiecolt-Glaser, J. K., Ricker, D., George, J., Messick, G., Speicher, C. E., Garner, W., & Glaser, R.(1984). 정신과 입원환자들의 비뇨기 코티솔 수치, 세포의 면역능력, 그리고 외로움. *Psychosomatic Medicine*, 46, 15-23.

Kimura, M., Hjelmborg, J., Gardner, J., Bathum, L., Brimacombe, M., Lu, X., Christiansen, L., Vaupel, J., Aviv, A, & Christensen, K. (2008). 말단소립의 길이와 사망률: 덴마크의 노년 쌍둥이 형제의 백혈구 연구. *American Journal of Epidemiology*, 167, 799-806.

Kirp, D. (2000). *Almost Home*. Princeton, NJ: Princeton University Press.

Koenig, L., & Abrams, R. (1999). 사춘기의 외로움과 적응력: 성차 중심의 분석. In K. Rotenberg & S. Hymel (Eds.), *Loneliness in childhood and*

*adolescence* (pp. 296-322). New York: Cambridge University Press.
Krakow, B., et al. (2001). Imagery Rehearsal Therapy for chronic nightmares in sexual assault survivors with Posttraumatic Stress Disorder. *JAMA*, 286, 537-545.
Lasch, C. (1979). *The Culture of Narcissism*. New York: Norton.
Le Roux, A. (2009). 사춘기 청소년들의 자신의 아버지와 외로움에 대한 태도: 비교문화적 연구. *Journal of Child & Family Studies*, 18, 219-226.
Lewinsohn, P. M., Rohde, P., & Seeley, J. R. (1994). 미래의 사춘기 청소년 자살 시도의 사회심리학적 위험요소들. *Journal of Consulting & Clinical Psychology*, 62, 297-305.
Mahon, N., Yarcheski, A., Yarcheski, T., Cannella, B., & Hanks, M. (2006). 사춘기의 외로움을 예고하는 요인들에 대한 메타분석적 연구. *Nursing Research*, 55, 308-315.
Mcpherson, M., Smith-Lovin, L., & Brashears, M. (2006). 미국 내의 사회적 고립: 20년간 진행된 핵심 토론 네트워크의 변화. *American Sociological Review*, 71, 353-375.
Minois, G. (1999). *History of Suicide* Baltimore, MD: Johns Hopkins University Press.
Murakami, H. (2008). *What I Talk About When I Talk About Running*. New York: Vintage.
Nesse, R. (1991). 기분이 나쁜 것은 어떻게 좋은가? 정신적 고통의 진화론적 혜택. *The Sciences*, Nov./Dec., 30-37.
Okrent, D. (2010). *Last Call*. New York: Scribner.
Peplau, L. A., & Perlman, D. (Eds.) (1982). *Loneliness: A sourcebook of current theory, research and therapy*. New York: Wiley-Interscience.
Peterson, D. (2005). *Twelve Years of Correspondence with Paul Meehl*. Mahwah, NJ: Erlbaum.
Poulin, F., & Pedersen, S. (2007). 사춘기 청소년들의 성장과정에서 나타나는 친구 네트워크상 성비의 변화. *Developmental Psychology*, 43, 1484-

1496.

Roach, M. (2010). *Packing for Mars*. New York: Vintage.

Real, T. (1997). *I Don't Want To Talk About It*. New York: Scribner.

Riesman, D. (1961). *The Lonely Crowd*. New Haven, CT: Yale University Press.

Sapolsky, R. (2004). 유기적 스트레스와 말단소립의 노화: 예기치 않은 연관. *Proceedings of the National Academy of Sciences*, 101, 17323-17324.

Sartre, J-P. (1938). *Nausea*.

Sartre, J-P. (1944). *No Exit*.

Sartre, J-P. (1960). *Critique of Dialectical Reason*.

Shneidman, E. (1996). *The Suicidal Mind*. Oxford: Oxford University Press.

Solint, R. (2009). *A Paradise Built in Hell*. New York: Viking.

Stirman, S.W., & Pennebaker, J.W. (2001). 자살 욕구를 지닌 시인들과 그렇지 않은 시인들의 어휘 사용법. *Psychosomatic Medicine*, 63, 517-522.

Sulloway, F. (1996). *Born to Rebel*. New York: Vintage.

Sym, J. (1637/1989). *Life's Preservative Against Self-Killing*. Georgetown, ON, Canada: Routledge, Chapman & Hall.

Turnbull, C. (1972). *The Mountain People*. New York: Simon & Schuster.

Vincent, N. (2006). *Self-Made Man*. New York: Viking.

Vincent, N. (2008). *Voluntary Madness*. New York: Viking.

Wallace, D.F. (1997). *A Supposedly Fun Thing I'll Never Do Again*. New York: Back Bay Books.

Weiner, E. (2008). *The Geography of Bliss*. New York: Twelve.

Wilson, E. (2010). *The Mercy of Eternity*. Evanston, IL: Northwestern University Press.

Witvliet M., Brendgen M., van Lier, P., Koot, H., & Vitaro F. (2010). 사춘기 초기의 우울증 증상들: 파벌 따돌림, 외로움, 그리고 인지되는 사회적 수용의 예측. *Journal of Abnormal Child Psychology*, 38, 1045-1056.

Wrangham, R. (2009). *Catching Fire*. New York: Basic.

| 찾아보기 |

〈뉴요커〉 103
〈미국보건학회 저널〉 18
〈에스콰이어〉 18, 129
〈워싱턴 포스트〉 118
〈줄 위의 남자〉 92
〈타임스 오브 런던〉 55
〈패치 애덤스〉 55
〈포춘〉 14
〈하버드 남성건강보고서〉 16
《고독의 부름》 81, 206
《고독한 군중》 102
《긍정의 배신》 102, 138
《달리기를 말할 때 내가 하고 싶은 이야기》 64
《두 번째 소견》 68, 166
《말라붙은 감성》 23
《모비 딕》 12
《물질주의의 값비싼 대가》 27
《숨겨진 차원》 82
《스스로 만든 남자》 83, 110
《심리학 원론》 36
《아마추어들을 위한 남자다움》 74, 93
《오디세이아》 56
《왜 사람들은 자살하는가?》 33
《요리본능》 157, 158
《자살 심리》 30

《자살에 관한 미신》 33
《자살의 역사》 18
《잠자리》 37
《전후》 17
《정신질환 진단 및 통계 편람》 32, 61, 183, 222
《제2의 성》 96
《집으로》 11, 12
《화성 여행을 위한 채비》 139

ㄱ

개즈던 기 72, 73, 211
갤럽 104
골프 19,23, 43, 113, 116, 117, 118, 124, 125
관계맺기 55, 89, 422, 123, 204
군중 속의 외로움 24, 25, 29, 100, 101
긴장증 31

ㄴ

나를 건드리지 마 20, 41, 45, 55, 72, 79, 82, 83, 85, 86
나스카 19, 43, 116, 117, 188, 124, 125, 212

남성자살률 17
남자다움 84, 85, 96, 74
내적 동기 90, 91
네이선 드월 105
노라 빈센트 83, 84, 110
뉴잉글랜드 58

ㄷ

달라이 라마 91, 92, 130
대인적 기제 39
데이비드 리스먼 102
데이비드 커프 11
도너 파티 14, 15
독립정신 73

ㄹ

러드야드 키플링 74
러프버러 대학교 42
로이 바우마이스터 52, 94
루이스 C.K. 62, 164
리처드 랭엄 16, 58

ㅁ

마이클 셰이본 74, 93
마이클 애디스 118
마틴 루터 킹 73
말단소립 40, 41, 226
메리 로치 139, 142
목적 지향성 53, 54, 128
무라카미 하루키 64

물질주의 90
미국 인구센서스 14
미완의 애도 183

ㅂ

바버라 에런라이크 102, 138
베이비붐 세대 80
보살핌의 편지 197, 198, 199, 200, 205
보스턴 대학교 58
분열성 인격장애 32, 33
브라이언 버로우 37

ㅅ

사회불안장애 148, 149, 151, 152
사회적 배척 34, 35, 157
사회적 외로움 30, 31, 32, 33
셰익스피어 105, 108, 164
소비지상주의 90
소셜미디어 41, 70, 81, 201, 202
수면지수 169
슬쩍 밀어주기 179, 180, 183, 187
시드니 대학교 38
시몬 드 보부아르 96
시어도어 댈림플 65, 68, 166
실패한 보상 115
심리적 기제 39, 40

ㅇ

약물남용 및 정신건강 서비스관리국 170
에드워드 홀 82

에드윈 슈나이드먼 30
에스터 셰일러 부콜츠 81, 206
오거스틴 버로스 23
오디세우스 56
올리버 색스 31, 203
외로움 감지기 32, 33, 45, 115, 143
외적 동기 90, 91, 92
우울증 96, 108, 126, 141, 146, 161, 163, 176, 178, 179, 180, 183
윌리엄 스타이런 126
윌리엄 제임스 36
윌리엄 포크너 133
유대관계 20, 23, 71, 94, 128
유전적 기제 40
응석받이 22, 26, 27, 44, 51, 55, 57, 61, 64, 65, 69, 90, 101, 113, 147, 212

ㅈ

자기확증 74, 75, 77, 79, 108
자살률 17, 22, 26, 127, 199
자아도취 13, 60, 67
자존감 67, 68, 74, 76, 90
자존심 11, 67, 68
자폐 범주성장애 32, 33
잭 런던 25, 26, 127
정상에서의 외로움 99, 102, 112, 113, 114
정서적 외로움 30, 31, 32
조르주 미누아 18
조지아 주 53, 121
존 러스킨 57
존 스튜어트 밀 57

ㅌ

테네시 윌리엄스 63
토니 저트 17, 176
팀 캐서 27, 90

ㅍ

파벌 고립 37
패거리 정신 116, 118, 124
플라시보 178
플로리다 주립대학교 20, 109, 120, 155, 159, 160

ㅎ

해리 스택 설리번 91
행동활성화 162, 163, 178, 179, 181, 205, 226
허먼 멜빌 12
호주 유니티 복지지수 42
혼자라는 사실을 인지하지 못하는 상태 24, 25, 29, 101, 111
확장과 구축이론 111

옮긴이 김재성

1990년 서울대학교 영어영문학과를 졸업하고, 현재 미국 캘리포니아 주에 거주하며 출판 기획 및 번역을 하고 있다. 옮긴 책으로 《왜 사람들은 자살하는가?》《월드피스 다이어트》《아름다운 폐허》《501 위대한 작가들》《강아지 매프와 그의 친구 마릴린 먼로의 삶과 의견들》《하드보일드 센티멘털리티》《푸른 밤》《더 볼》 등이 있다.


남자, 외롭다

첫판 1쇄 펴낸날 2013년 11월 25일

지은이 | 토머스 조이너
옮긴이 | 김재성
펴낸이 | 지평님
본문 조판 | 성인기획 (070)8747-9616
종이 공급 | 화인페이퍼 (031)955-0135
인쇄 | 중앙P&L (031)904-3600
제본 | 서정바인 텍 (031)942-6006
후가공 | 이지앤비 (031)932-8755

펴낸곳 | 황소자리 출판사
출판등록 | 2003년 7월 4일 제2003-123호
주소 | 서울시 영등포구 양평동 5가 1-1 선유도역 1차 IS비즈타워 706호 (150-105)
대표전화 | (02)720-7542   팩시밀리 | (02)723-5467
E-mail | candide1968@hanmail.net

ⓒ 황소자리, 2013

ISBN 979-11-85093-04-8 03180

* 이 도서의 국립중앙도서관 출판시도서목록(CIP)은 서지정보유통지원시스템 홈페이지 (http://seoji.nl.go.kr)와 국가자료공동목록시스템(http://www.nl.go.kr/kolisnet)에서 이용하실 수 있습니다.(CIP제어번호: CIP2013022824)

* 잘못된 책은 구입처에서 바꾸어드립니다.